"Libertad Viva"

Voces y Sueños de un Futuro Próspero.

Pavel Pieri

ISBN: 9798340705556

Dedicatoria

A ti, cubano, que has cargado con el peso de una historia que no pediste. A ti, que tus raíces se extendieron en la distancia, en una tierra que no es la tuya. Pero cuyo latido aún resuena en tus recuerdos y en tu anhelo.

Esta dedicatoria es para aquellos que dejaron el hogar bajo el manto de la noche, con el alma rota y la mirada perdida, para quienes cruzaron mares turbulentos, arriesgando la vida en busca de una palabra prohibida: libertad.

Es para las madres que aún lloran en la penumbra de la nostalgia, por los hijos que el mar devoró sin piedad, para los hermanos, amigos, compañeros, que quedaron atrás o que se desvanecieron en el silencio forzado.

Pero también es para ti, que permaneces en la isla, para ti que resististe, que te aferras al suelo que te vio nacer, y que en tu corazón guardas la esperanza como una vela encendida en la tempestad, como un mambí moderno que sueña con romper las cadenas que otros forjaron.

A ti, exiliado o residente, que aún luchas, que no te rindes, que mantienes viva la llama de un sueño colectivo, te dedico estas palabras, no como consuelo, sino como recordatorio de que la libertad no es solo un derecho, sino un deber ineludible.

Este libro no es solo un testimonio de lo perdido, sino una promesa de lo que puede ser. Porque, aunque te hayan arrancado de tu tierra, aunque te hayan privado de tu voz, aunque el viento del destierro haya quemado tu piel y tu alma, sabes, tan profundamente como yo, que nunca podrán robarte lo que vive en lo más íntimo de tu ser. el coraje de soñar y la convicción de que un día, tarde o temprano, volveremos a caminar juntos, libres, sobre la tierra que nos pertenece y nos vio nacer.

Pavel Pieri

Índice

Agradecimientos al lector.

Acerca del Autor: Pavel Pieri

Página del Autor: Biografía y otras Obras Literarias del Autor

"*El coraje de soñar libremente es el primer paso hacia la libertad que aún no vemos, pero que ya sentimos en el alma.*"

Agradecimiento

Gracias a todos los que, de una forma u otra, han sido parte de este viaje. A mi familia, por su amor y apoyo incondicional, y a mis amigos, por su aliento constante. Este proyecto es tanto de ustedes como mío.

Con Gratitud

Pavel Pieri

Introducción

"La libertad en Cuba no será el final de una dictadura, sino el principio de una nueva lucha: la de no repetir nuestros errores."

Este no es un libro de historia, ni un simple lamento de las injusticias que hemos sufrido durante más de seis décadas. Este libro es una bomba que detonarás en tu mente, un desafío directo a todo lo que crees saber sobre la libertad, el poder y el destino de Cuba. No busca consolarte, ni endulzar tu dolor con promesas vacías. Este libro está diseñado para incomodarte, para sacarte de esa zona de resignación en la que hemos vivido demasiado tiempo. Si estás buscando respuestas fáciles, cierra este libro ahora. Aquí no las encontrarás.

Porque, ¿de qué sirve derrocar a un régimen si no estamos listos para enfrentarnos a nuestros propios fantasmas? ¿Estás preparado para una Cuba libre, o solo para reemplazar un tirano por otro con distinto nombre? Cuba no necesita héroes, necesita ciudadanos valientes que estén dispuestos a cuestionarlo todo, incluso sus propias ideas de lo que debería ser una nación libre.

¿Qué harás cuando las cadenas caigan? ¿Vengarás el sufrimiento de tu familia o apostarás por la reconciliación? ¿Serás capaz de construir una Cuba donde cada voz cuente, o solo querrás escuchar las que se alineen con tu visión? Este libro no es una guía práctica ni un plan político. Es una llamada a la introspección más profunda que te puedas imaginar, una invitación a desconfiar de los salvadores y a desconfiar de ti mismo.

Cuba ha sido prisionera no solo de una dictadura, sino también de los mitos que nos hemos contado sobre lo que significa ser libre. Este libro no se escribe desde el odio, sino desde la desesperada necesidad de despertar. A través de sus páginas, te encontrarás con las preguntas que nadie quiere hacer porque son incómodas, porque ponen en peligro las narrativas que nos han mantenido cautivos tanto tiempo. Aquí no te doy soluciones. Te doy herramientas. Aquí no te ofrezco esperanza fácil, te ofrezco un espejo en el que debes mirarte y decidir qué harás cuando todo cambie.

El régimen caerá, pero la verdadera pregunta es si tú estarás listo para lo que viene después. Porque la libertad no es el final del camino, es solo el primer paso. Este libro está escrito para aquellos que se atreven a soñar con una Cuba diferente, pero que entienden que los sueños no se construyen sin sacrificio, ni sin tomar decisiones que desafían nuestra propia moralidad.

En estas páginas no solo revisaremos los fallos de un régimen que ha asfixiado la vida de millones, sino que exploraremos las trampas de las democracias frágiles, las que hemos visto colapsar en otras partes del mundo. Cuba no puede darse el lujo de cometer los mismos errores y, sin embargo, estamos a un paso de hacerlo si no estamos atentos.

¿Estamos listos para una democracia real, con todas sus incertidumbres, sus voces disidentes y sus luchas constantes por el poder? Este libro no es para los conformistas ni para los cobardes. Es para los que están dispuestos a mirar a la verdad a los ojos, sin apartar la vista, aunque duela.

La libertad no será un regalo que nos llegue cuando el régimen caiga. Será una conquista llena de contradicciones, de dolores y de desafíos que apenas estamos comenzando a imaginar. Este libro te invita a caminar hacia esa realidad con los ojos bien abiertos. Porque el futuro de Cuba no depende de los discursos de quienes nos prometen liberarnos, sino de lo que estamos dispuestos a construir después de que se caigan las estatuas.

Capítulo 1

La Libertad Robada en Cuba

Introducción a la pérdida de la libertad en Cuba.

La historia de Cuba está tejida con hilos de luchas, sacrificios, y un anhelo perpetuo de libertad. Antes de 1959, la isla se erguía como un símbolo de progreso y modernidad en América Latina, respaldada por una Constitución de 1940 que, en su tiempo, fue vista como una de las más avanzadas del mundo. Bajo su mandato, el pueblo cubano gozaba de derechos y libertades que fomentaban la participación política, la propiedad privada y el emprendimiento. Pero aquel sueño de libertad se desmoronó, se convirtió en un espejismo atrapado en la historia, cuando la promesa revolucionaria de **Fidel Castro** trajo consigo un sistema que, lejos de liberar, encarceló el alma de la nación.

¿Cómo comenzó este proceso?

La Revolución Cubana se alzó con la bandera de la justicia, proclamando ser la respuesta a las desigualdades que había en la isla. Prometió emancipar al pueblo, devolverle su dignidad, y construir una sociedad basada en la equidad. La promesa resonaba con fuerza: Cuba sería libre, y el pueblo sería su propio soberano. Sin embargo, tras la victoria de 1959, esa revolución se volvió contra el propio pueblo que juró proteger.

El régimen de Fidel Castro, bajo el lema de la liberación, comenzó a consolidar su poder, eliminando sistemáticamente cualquier voz que cuestionara su autoridad. La primera víctima de esta traición fue la libertad de expresión, la voz del pueblo fue silenciada. Periódicos cerraron, estaciones de radio y televisión fueron controladas por el Estado, y cualquier disidente era calificado de traidor. La prensa libre, antaño vibrante, se convirtió en un eco sordo de la propaganda oficial.

Pero la censura no se detuvo en las palabras. Pronto, el régimen extendió sus manos hacia el corazón económico de la nación. Se robó la propiedad privada, expropiando tierras y empresas. Se destruyó el libre mercado y el derecho de los ciudadanos a prosperar mediante su esfuerzo. La industria nacional, que antes florecía, fue aplastada bajo el peso de un sistema de control absoluto. Las fábricas quedaron vacías, las calles se llenaron de colas interminables y el espíritu emprendedor de los cubanos fue reemplazado por la desesperanza.

¿Cómo llegamos hasta aquí?

Nos lo preguntamos, una y otra vez. **¿Cómo permitimos que la misma revolución que prometió libertad se convirtiera en nuestra prisión?** La respuesta no es sencilla, pero está frente a nuestros ojos. Nos hablaron de un futuro utópico, de un país en el que todos serían iguales. Pero lo que no nos dijeron fue que esa igualdad vendría a costa de nuestra libertad, a costa de nuestros sueños, de nuestra capacidad para ser dueños de nuestros destinos.

A medida que las libertades caían, el pueblo cubano comenzó a marchitarse, atrapado entre las promesas vacías y la realidad opresiva. Los cubanos de hoy, tanto dentro como fuera de la isla, han aprendido a vivir en una cárcel sin barrotes, una prisión construida a base de miedo, censura, y pobreza. Y mientras seguimos adelante, las letras de nuestro himno nacional parecen haberse vaciado de significado. Las palabras que alguna vez inspiraron a los valientes mambises que lucharon por nuestra independencia ahora suenan huecas para muchos.

"Al combate corred, bayameses, que la patria os contempla orgullosa."

¿De qué patria orgullosa nos hablan? ¿Dónde quedó aquel espíritu de lucha que ardía en el corazón de nuestros antepasados? Las generaciones actuales han sido sometidas a una vida en la que la palabra "libertad" se ha convertido en una utopía distante, un sueño aplazado. Y mientras tanto, el régimen sigue alardeando de ser el heraldo de una revolución que, lejos de liberar, nos ha esclavizado.

Reflexionemos sobre nuestra historia

Los mambises, aquellos guerreros valientes que desafiaron al imperio español en las selvas y montañas cubanas, lucharon por una Cuba libre. Se enfrentaron a condiciones inhumanas, sin más armas que su coraje y su deseo de una patria independiente. Ellos, que nos legaron un país lleno de posibilidades, nunca imaginaron que sus sacrificios serían traicionados por quienes vinieron después, usando el nombre de la libertad para imponer un nuevo yugo.

Este capítulo no es solo un recordatorio de lo que hemos perdido. Es una acusación directa al régimen que ha asfixiado a Cuba. No podemos quedarnos callados mientras el país que amamos continúa decayendo, mientras la cultura, la identidad y el futuro de los cubanos se ven aplastados bajo el peso de una dictadura que ha convertido la isla en una prisión a cielo abierto.

Este libro es un grito de libertad, una invitación para que todos los cubanos, dondequiera que estén, recuperen esa chispa que alguna vez impulsó a nuestros antepasados a luchar. Este libro busca despertar conciencias, para que recordemos que la libertad no es algo que se nos da, sino algo que se conquista.

No podemos seguir ignorando cómo llegamos hasta aquí. Es momento de analizar y reflexionar sobre los errores del pasado para forjar un nuevo futuro. Un futuro donde las palabras "libertad", "democracia" y "justicia" no sean solo sueños lejanos, sino realidades tangibles. Cuba merece más que cadenas. Cuba merece prosperidad, merece un sistema basado en el liberalismo, la democracia y por sobre todo en la anticorrupción.

La historia aún no está escrita, y este capítulo es solo el comienzo. El final lo decidimos todos nosotros.

Introducción a la pérdida de la libertad en Cuba.

La historia de Cuba es una historia de luchas, sacrificios y sueños de libertad. Antes de la Revolución de 1959, Cuba disfrutaba de un período de progreso y desarrollo bajo la Constitución de 1940, considerada una de las más avanzadas de su tiempo. Sin embargo, con la llegada al poder de Fidel Castro, la libertad fue gradualmente erosionada, y Cuba se convirtió en una dictadura comunista.

- ¿Cómo comenzó este proceso?

La Revolución Cubana, liderada por Fidel Castro, prometió liberar al pueblo cubano de la opresión y la desigualdad. Sin embargo, tras la toma del poder, el régimen rápidamente comenzó a consolidar su control, eliminando la oposición y restringiendo las libertades individuales y colectivas. La libertad de expresión, de prensa y de asociación fueron las primeras víctimas, seguidas por la propiedad privada y el libre mercado. Este capítulo explora cómo y por qué se robaron esas libertades.

Hechos Históricos Relevantes:

- **1959:** Triunfo de la Revolución Cubana. Fidel Castro toma el poder y comienza una serie de reformas radicales.
- **1961:** Nacionalización de todas las empresas privadas, eliminando la propiedad privada y estableciendo el control estatal sobre la economía.
- **1965:** Fundación del Partido Comunista de Cuba, único partido político permitido, consolidando el control del gobierno sobre la vida política.

- **1980:** Éxodo del Mariel, donde miles de cubanos huyeron en busca de libertad, evidenciando el descontento popular.

Resumen de las causas del Éxodo del Mariel:

1. **Descontento económico y social:** La falta de productos básicos, la represión política y la falta de oportunidades llevaron a miles de cubanos a querer abandonar la isla.
2. **Incidente en la embajada de Perú:** Este evento desencadenó el éxodo, mostrando la desesperación de muchos cubanos por huir del régimen.
3. **Respuesta del régimen de Castro:** Fidel Castro permitió la emigración a través del puerto de Mariel, aprovechando la oportunidad para deshacerse de personas que consideraba problemáticas.
4. **Facilidades de emigración:** Familias y amigos en el extranjero fueron capaces de recoger a sus seres queridos, lo que facilitó la salida masiva de cubanos.

El Éxodo del Mariel de 1980 fue un episodio que reflejó claramente el descontento popular en Cuba y la represión del régimen de Castro. Fue una huida masiva de cubanos que buscaban libertad y mejores oportunidades en medio de un contexto de crisis económica y falta de libertades políticas. Aunque este éxodo creó desafíos tanto para Cuba como para Estados Unidos, también destacó el deseo inquebrantable de muchos cubanos de encontrar un futuro mejor fuera de su país.

- **1994:** Crisis de los Balseros, otro éxodo masivo que reflejó la desesperación de la población.

Resumen de las causas de la Crisis de los Balseros de 1994:

1. **Crisis económica tras la caída de la URSS**: El colapso del bloque soviético dejó a Cuba sin apoyo económico, desencadenando el "Período Especial" de extrema austeridad.
2. **Descontento social**: La escasez de alimentos, medicinas y bienes básicos, combinada con la represión política, generó un ambiente de desesperación.

3. **Represión del Maleconazo**: Las protestas del 5 de agosto de 1994, conocidas como el "Maleconazo", fueron una expresión del malestar popular y el deseo de cambio, pero fueron reprimidas brutalmente por el régimen.
4. **Apertura temporal de las fronteras**: Fidel Castro permitió la emigración, lo que llevó a miles de cubanos a lanzarse al mar en balsas improvisadas en un intento desesperado de llegar a Estados Unidos.

La **Crisis de los Balseros de 1994** fue un reflejo de la desesperación de miles de cubanos que enfrentaban una crisis económica severa y una falta de libertades políticas. Este éxodo masivo demostró el descontento de la población cubana con el régimen comunista y las precarias condiciones de vida que se vivían en la isla durante el Período Especial. A pesar de los peligros, muchos cubanos arriesgaron sus vidas en el mar, buscando una vida mejor en Estados Unidos. La crisis migratoria resultante llevó a la creación de nuevos acuerdos entre Cuba y Estados Unidos, como la política de "Pies secos, pies mojados", que reguló el flujo migratorio en los años posteriores.

- **2022:** Éxodo de los Volcanes, nombrado así por la travesía de los cubanos por Nicaragua. Un éxodo masivo provocado por el régimen debido a la represión al pueblo por salir a las calles a pedir libertad, comida, etc. Protestas pacíficas del 11 de julio de 2021.

Causas principales del Éxodo de los Volcanes (2022):

1. Represión brutal tras las protestas del 11 de julio de 2021.
2. Crisis económica extrema que dejó a la población sin acceso a alimentos y bienes básicos.
3. Falta de libertades políticas y civiles, con un régimen que endureció el control y reprimió cualquier oposición.
4. Facilidades migratorias ofrecidas por Nicaragua, que permitió la salida de cubanos sin necesidad de visa.

El Éxodo de los Volcanes de 2022 fue el resultado de una combinación de crisis económicas, sociales y políticas que llevó a miles de cubanos a buscar una vida mejor fuera de su país. Al igual que en éxodos anteriores, como el de los balseros de 1994, la represión gubernamental, la falta de esperanza en el futuro bajo el régimen, y las oportunidades limitadas dentro de Cuba, empujaron a la población a emigrar, enfrentándose a un peligroso viaje por Nicaragua y Centroamérica en busca de libertad y prosperidad.

Cuba ha sido un campo de batalla por la libertad desde sus primeros días. Los aborígenes cubanos, aquellos valientes taínos y siboneyes, lucharon contra la opresión de los colonizadores hasta el borde de su extinción. A pesar de sus derrotas, jamás se rindieron, dejando un legado de resistencia que corre por las venas de todos los cubanos. Con su desaparición forzada, emergió una nueva Cuba, formada por la mezcla de sus descendientes mestizos, de esclavos africanos y europeos, forjando una cultura indomable y una identidad rica en costumbres, valores y sobre todo gallardía.

Esa mezcla cultural e histórica dio nacimiento a los mambises, aquellos cubanos que, con poco más que valor y un machete en la mano, se levantaron contra un imperio armado hasta los dientes. Ellos, que no conocieron más escudo que su fe en una Cuba libre, enfrentaron sin miedo a opresores bien entrenados. Esos guerreros, nacidos del sufrimiento y la opresión, son quienes sentaron las bases de lo que significa ser cubano: un espíritu de lucha, resistencia, y amor por la libertad.

A lo largo de la historia, nuevas generaciones de cubanos se alzaron con igual valor y coraje. Jóvenes llenos de voluntad y principios, dispuestos a defender sus ideales y sus pensamientos, tomaron las calles, se organizaron en protestas y enfrentaron a los regímenes que intentaban sofocar sus voces. A veces, sus actos se tradujeron en formas extremas de resistencia; otros, en movimientos de disidencia abiertos. Sin embargo, todos compartían un objetivo común: la libertad de la patria.

Pero luego llegó una generación que, en un acto de traición histórica, usó esas mismas tácticas de resistencia para engañar al pueblo cubano. Jóvenes revolucionarios, que un día se alzaron con la promesa de liberar a la isla, terminaron perpetuando un nuevo yugo. Tomaron el poder por las armas y con promesas de libertad, engañaron a los cubanos, sometiéndolos a un sistema de control más opresivo y cruel que cualquier otro. Aquellos que antes protestaban por lo justo, ahora reprimen con puño de hierro a quienes intentan seguir sus pasos.

Hoy, el régimen llama terroristas a quienes alzan la voz, tal y como ellos lo hicieron en el pasado. Aquellos jóvenes que clamaban por libertad ahora encarcelan, silencian y reprimen con métodos inhumanos y no convencionales a cualquiera que se atreva a pensar diferente, a levantar el mismo grito de libertad que ellos usaron para justificar su ascenso al poder. El miedo se ha convertido en su arma más eficaz, intentando callar las voces de un pueblo que aún lleva en su corazón el espíritu del mambí.

Lo que temen es que el mambí, ese guerrero que habita en cada cubano, despierte nuevamente. Temen que la chispa de rebeldía y valor que caracteriza a nuestra historia se encienda una vez más, y que juntos, como lo hicieron los mambises, como lo hicieron los jóvenes valientes de otras épocas, alcancemos finalmente la libertad. Porque, aunque nos hayan intentado callar, aunque nos hayan robado nuestras tierras y nuestros sueños, la libertad es un derecho inalienable, y el día en que Cuba despierte, no habrá opresor que pueda detener la fuerza de su pueblo unido.

¡Cuba despierta!

Capítulo 2:

Constitución de Cuba de 1940 y Comparación con la Actual

La Constitución de 1940 fue una de las más progresistas de su tiempo, no solo en América Latina, sino también en el mundo. Este documento no era solo una colección de leyes; era la promesa de una Cuba libre, moderna y próspera, en la que los derechos y las libertades individuales serían protegidos por encima de los intereses del poder. Sin embargo, con la llegada de la Revolución en 1959, esa promesa fue traicionada. Lo que comenzó como un movimiento para liberar al pueblo cubano de las injusticias, se convirtió en un régimen que utilizó una nueva constitución para sofocar las libertades y consolidar el poder absoluto.

A lo largo de este capítulo, exploraremos las diferencias entre la Constitución de 1940 y la actual constitución cubana, promulgada en 1976 y reformada en 2019. Analizaremos los logros de Cuba bajo la Constitución de 1940 y cómo esos logros fueron erosionados bajo el régimen revolucionario. También veremos cómo las promesas de igualdad y justicia social se transformaron en mentiras y manipulaciones que llevaron a Cuba al estado de represión y estancamiento que vive hoy.

La Constitución de 1940: Un símbolo de progreso y libertad

En 1940, Cuba se encontraba en un momento histórico decisivo. Después de años de luchas políticas y sociales, el país adoptó una constitución que sentó las bases para una sociedad moderna y democrática. La Constitución de 1940 garantizaba derechos laborales, acceso a la educación, separación de poderes y libertad de prensa, entre otros aspectos fundamentales.

Derechos garantizados bajo la Constitución de 1940

1. Derechos laborales: Cuba fue pionera en América Latina al garantizar una jornada laboral de 8 horas y el derecho a la huelga. Esto no solo colocó al país a la vanguardia de los derechos de los trabajadores, sino que también fomentó un entorno de equidad laboral que permitía a los cubanos prosperar a través de su trabajo.

   o Datos históricos: En 1958, la economía cubana florecía con una tasa de crecimiento anual del 4%, y el salario promedio de un trabajador cubano era uno de los más altos en América Latina. Comparativamente, en 1957, el PIB per cápita de Cuba era de $356 dólares, superando a la mayoría de los países latinoamericanos y rivalizando con algunas naciones europeas.

2. Educación gratuita: La Constitución de 1940 garantizaba el acceso a la educación para todos los ciudadanos. Gracias a estas políticas, la tasa de alfabetización en Cuba alcanzó el 76% en 1957, una de las más altas de la región. Las universidades cubanas produjeron profesionales de alta calidad que eran competitivos a nivel internacional.

3. Separación de poderes: El gobierno cubano estaba estructurado de tal manera que los poderes ejecutivo, legislativo y judicial eran independientes entre sí, lo que es un pilar fundamental de cualquier democracia. Este sistema permitió un equilibrio de poder que evitaba el abuso y promovía la transparencia gubernamental.

4. Libertad de prensa y participación política: En este periodo, Cuba contaba con una prensa libre y una vida política activa. Existían múltiples partidos políticos que competían en elecciones democráticas, y la sociedad civil tenía voz en los asuntos del Estado.

Progreso económico y social bajo la Constitución de 1940

Cuba, bajo la Constitución de 1940, experimentó un periodo de desarrollo económico y social impresionante. La industria azucarera y tabacalera florecieron, convirtiendo a la isla en uno de los mayores exportadores mundiales de estos productos. La riqueza que generaban estas industrias permitió a Cuba invertir en infraestructura, servicios de salud, y educación.

- Ejemplo comparativo: En 1958, Cuba tenía un PIB per cápita superior al de países como España, Italia y Japón, y su economía era una de las más avanzadas de América Latina. La tasa de analfabetismo se redujo significativamente, y los servicios de salud estaban entre los mejores de la región, con hospitales bien equipados y profesionales capacitados.

Gráficos y datos históricos: Progreso bajo la Constitución de 1940

Indicador	Cuba en 1957	América Latina (promedio)
PIB per cápita	$356 dólares	$211 dólares
Tasa de alfabetización	76%	48%
Expectativa de vida	62 años	50 años
Participación política	Alta	Media-baja
Derechos laborales (jornada)	8 horas	10-12 horas

La Constitución actual: El retroceso de los derechos y las libertades

Con la llegada de la Revolución de 1959, Cuba fue testigo de un cambio drástico en su estructura política, económica y social. El Partido

Comunista de Cuba (PCC) se consolidó como el único partido legal, y en 1976 se promulgó una nueva constitución que reformó radicalmente el país. Esta constitución, lejos de garantizar los derechos de los ciudadanos, centralizó el poder en el Estado y suprimió las libertades fundamentales que se habían logrado bajo la Constitución de 1940.

Restricción de derechos bajo la Constitución actual

1. Libertad de expresión: Bajo el actual régimen, la libertad de prensa ha sido completamente suprimida. Los medios de comunicación son controlados por el Estado, y cualquier intento de disidencia es sofocado rápidamente. Los periodistas independientes enfrentan persecuciones, arrestos y censura.
2. Control estatal de la economía: A diferencia de la economía dinámica y diversa de los años anteriores a la Revolución, el Estado cubano monopolizó todos los sectores económicos, llevando al país a un estancamiento económico prolongado. La falta de inversión extranjera y las políticas económicas fallidas, sumadas al embargo estadounidense, han sumido a Cuba en una crisis permanente.
   o Ejemplo comparativo: Mientras que Cuba era una potencia económica en América Latina antes de 1959, hoy su PIB per cápita ha caído dramáticamente, y la calidad de vida de los cubanos ha disminuido considerablemente. En 2021, el PIB per cápita de Cuba se estimó en $9,500 dólares, muy por debajo del promedio mundial.
3. **Derechos restringidos:** La Constitución actual limita las libertades fundamentales, como la libertad de expresión, de asociación y de prensa. El Partido Comunista de Cuba tiene el control total sobre el gobierno y la sociedad, y cualquier intento de disidencia es reprimido con detenciones arbitrarias, persecución política, y métodos de censura sofisticados.

Comparación entre los periodos constitucionales

Indicador	Constitución de 1940	Constitución actual (1976, reformada 2019)
Libertad de expresión	Garantizada	Restringida
Separación de poderes	Ejecutiva, legislativa, judicial	Concentración total en el PCC
Economía	Libre mercado, propiedad privada	Control estatal absoluto
Participación política	Plural, multipartidista	Monopartidista (solo PCC)
Derechos laborales	Garantizados	Limitados por el Estado

Mentiras y manipulaciones de la Revolución

La Revolución Cubana, liderada por Fidel Castro, prometió a los cubanos una sociedad más justa, donde la igualdad y la libertad serían los pilares fundamentales. Sin embargo, tras la toma del poder, estas promesas fueron traicionadas.

1. Promesa de libertad: La revolución prometió liberar a Cuba de la opresión, pero en su lugar, instauró un régimen autoritario que eliminó cualquier posibilidad de disenso. La libertad de expresión fue una de las primeras víctimas de este proceso, seguida por la libertad de prensa y de asociación.
2. Promesa de igualdad: La Revolución prometió igualdad para todos los cubanos. Sin embargo, esta igualdad se tradujo en la uniformidad de la pobreza. El gobierno monopolizó la economía, expropió propiedades privadas y eliminó cualquier posibilidad de progreso individual. Los cubanos se encontraron

atrapados en un sistema que no les permitía mejorar sus condiciones de vida.

3. Promesa de democracia: Castro prometió elecciones democráticas y pluralismo político. En cambio, estableció un sistema de partido único que ha gobernado sin interrupción durante más de seis décadas. Cualquier intento de oposición política fue rápidamente reprimido, y el Partido Comunista de Cuba (PCC) se consolidó como el único actor político autorizado en la isla. El pluralismo desapareció, y con él, las posibilidades de una verdadera democracia.

4. Promesa de desarrollo económico: Los revolucionarios afirmaban que el nuevo sistema económico, basado en la propiedad estatal y el control centralizado, traería prosperidad a todos. Sin embargo, los resultados fueron devastadores. La economía cubana, una de las más prósperas de América Latina en la década de 1950, colapsó bajo el control estatal. La falta de inversión extranjera, la mala gestión interna y las políticas económicas fallidas llevaron a un estancamiento crónico, con una caída significativa en el nivel de vida.

   o Datos económicos: En 1959, Cuba tenía un PIB per cápita superior al de muchas naciones europeas. Sin embargo, hoy en día, la economía cubana está en crisis, con una tasa de crecimiento anual que ha sido de apenas un 1-2% en los últimos años. El salario promedio de un trabajador cubano en 2021 era de aproximadamente $20 dólares al mes, lo que ha generado una creciente dependencia de las remesas enviadas por los exiliados.

5. Promesa de justicia social: La revolución afirmaba que pondría fin a la injusticia social. Sin embargo, lo que se instauró fue un sistema de control y vigilancia en el que las libertades individuales quedaron supeditadas a la ideología del Estado. Cualquiera que criticara al gobierno era calificado de enemigo, y aquellos que intentaban oponerse al sistema sufrían persecución política, encarcelamientos arbitrarios y torturas.

Erosión de los logros alcanzados antes de la Revolución

Uno de los aspectos más trágicos del régimen revolucionario ha sido la erosión de los logros sociales y económicos alcanzados en las décadas anteriores. La Constitución de 1940 había creado las bases para una Cuba moderna y progresista, con derechos y libertades que impulsaban el crecimiento económico y social. Sin embargo, el control centralizado del Estado no solo destruyó las libertades individuales, sino que también debilitó los sectores fundamentales del país, como la educación, la salud y la industria.

Educación y salud: de la excelencia al estancamiento

Antes de la revolución, Cuba se destacaba en América Latina por su alto nivel de alfabetización y su sistema de salud avanzado. Con la llegada de Castro al poder, aunque el acceso a la educación y a la salud fue universalizado, la calidad de ambos servicios se deterioró significativamente debido a la falta de recursos y la emigración masiva de profesionales capacitados.

- Educación: Mientras que el acceso a la educación fue uno de los logros más destacados de la Revolución, la calidad de esta se ha visto comprometida por la falta de infraestructura y la imposición de una educación ideologizada. Los contenidos académicos están fuertemente controlados por el Estado, y la enseñanza se utiliza como una herramienta de propaganda política, lo que ha afectado la formación crítica y libre de los jóvenes cubanos.
- Salud: Aunque Cuba ha sido aclamada internacionalmente por su sistema de salud, los hospitales cubanos sufren de falta de medicamentos, equipos obsoletos y un éxodo de profesionales de la salud hacia otros países. Si bien la atención médica es gratuita, la calidad ha disminuido drásticamente, y muchos cubanos recurren al mercado negro o a familiares en el extranjero para acceder a medicamentos básicos.

Comparación entre los logros de ambos periodos constitucionales

Para ilustrar la diferencia entre el desarrollo de Cuba bajo la Constitución de 1940 y la situación actual bajo el régimen revolucionario, es importante comparar ciertos indicadores clave que reflejan el impacto de ambos periodos en la calidad de vida de los cubanos.

Gráficos y tablas comparativas: Cuba antes y después de la Revolución

Indicador	Cuba antes de 1959 (Constitución de 1940)	Cuba después de 1959 (Constitución actual)
PIB per cápita	$356 dólares (1957)	$9,500 dólares (2021)
Tasa de alfabetización	76% (1957)	99% (2021), pero con baja calidad educativa
Salario promedio mensual	$120 dólares (1958)	$20 dólares (2021)
Expectativa de vida	62 años (1957)	79 años (2021)
Libertad de prensa	Garantizada, prensa plural	Restringida, control estatal
Propiedad privada	Garantizada	Expropiada, sin derecho
Pluralismo político	Multipartidismo	Partido Comunista único

"Fuentes: Naciones Unidas, Banco Mundial, Oficina Nacional de Estadísticas de Cuba. "

La manipulación revolucionaria y el estancamiento

La Revolución Cubana no solo destruyó las libertades ganadas bajo la Constitución de 1940, sino que también consolidó una narrativa basada en mentiras y manipulaciones que sigue vigente hasta el día de hoy.

Desde su ascenso al poder, el régimen ha utilizado la propaganda para crear una imagen de un país que lucha por la justicia y la igualdad, mientras reprime cualquier intento de disidencia y oculta los fracasos de su sistema económico.

1. La promesa de igualdad fue una excusa para instaurar el control total: El régimen justificó la eliminación de la propiedad privada y la expropiación de empresas bajo el pretexto de crear una sociedad igualitaria. Sin embargo, esta "igualdad" se tradujo en la uniformidad de la miseria. Hoy en día, los cubanos viven bajo un sistema que no les permite prosperar ni mejorar sus condiciones de vida.
2. El miedo como herramienta de control: La Revolución utilizó el miedo como su principal herramienta de represión. Aquellos que intentan expresar opiniones contrarias al gobierno son detenidos, encarcelados o exiliados. La censura de los medios y el control estatal sobre la información han creado una sociedad atrapada en la ignorancia y el miedo.
3. La narrativa del embargo estadounidense: Uno de los grandes mitos que la Revolución ha utilizado para justificar sus fracasos es el embargo estadounidense. Aunque el embargo ha tenido un impacto en la economía cubana, no es el único responsable del estancamiento económico del país. Las políticas económicas fallidas, la corrupción y la mala gestión interna han sido factores mucho más determinantes en el colapso de la economía cubana.

Al examinar la Constitución de 1940 y compararla con la Constitución actual, vemos un contraste devastador. Cuba, una vez un faro de libertad y progreso en América Latina, ha caído en el abismo de la represión y el estancamiento. Las promesas de la Revolución, que alguna vez encendieron la esperanza en el pueblo cubano, se han transformado en cadenas que sofocan la libertad y el potencial de una nación.

El sistema actual no es el producto de un fracaso inevitable, sino de una manipulación sistemática que ha traicionado los principios de libertad y justicia que una vez definieron a Cuba. La Revolución utilizó el miedo, la propaganda y la represión para consolidar su control, y ha impedido que el pueblo cubano alcance la prosperidad y la libertad que tanto merece.

Pero la historia no está escrita en piedra. Cuba tiene la capacidad de cambiar su destino, de liberarse de las cadenas que la atan y de volver a ser una nación que celebre la libertad, la democracia y el progreso. Los logros de la Constitución de 1940 nos recuerdan lo que es posible cuando el poder reside en manos del pueblo, y no en las de un régimen que solo busca mantener su dominio.

El futuro de Cuba depende de la voluntad de su gente para reclamar lo que es suyo por derecho: la libertad. Hoy, más que nunca, Cuba debe despertar y recordar que las cadenas de la opresión no son más fuertes que el espíritu de un pueblo decidido a ser libre.

Capítulo 3:

Los Fallos de la Constitución de 1940 y Cómo la Corrupción Cambió el Destino de Cuba

La Constitución de 1940 fue sin lugar a duda un documento histórico que pretendía colocar a Cuba en la senda de la prosperidad y la modernidad. Su carácter progresista, su enfoque en los derechos humanos, y su promesa de garantizar las libertades fundamentales marcaron un hito en América Latina. Sin embargo, a pesar de sus virtudes, este ambicioso texto constitucional no fue suficiente para proteger a Cuba de una serie de eventos que cambiarían su destino de forma irreversible.

En este capítulo, nos adentramos en las fallas estructurales de la Constitución de 1940 y cómo su implementación defectuosa, junto con la corrupción generalizada y la falta de mecanismos efectivos de control, allanaron el camino para los golpes de Estado, el deterioro del sistema democrático y, finalmente, la Revolución de 1959 que arrebató las libertades prometidas.

El Ideal y la Realidad: Fallas Estructurales de la Constitución de 1940

La Constitución de 1940 fue creada en un momento de grandes esperanzas para el pueblo cubano. Se propuso consolidar una democracia moderna, donde los derechos laborales, la educación gratuita y la libertad de prensa garantizarían el bienestar de los ciudadanos. Sin embargo, la brecha entre el ideal constitucional y su implementación en la práctica fue significativa, y esta discrepancia dejó el sistema vulnerable a las crisis políticas y a la corrupción.

El Papel de la Corrupción: El Cáncer de la Democracia Cubana

Uno de los defectos más graves que enfrentó la Constitución de 1940 fue su incapacidad para controlar la corrupción política que ya estaba arraigada en la sociedad cubana. Si bien el documento ofrecía promesas de derechos y libertades, no contenía mecanismos efectivos para supervisar a los funcionarios públicos ni para garantizar la transparencia gubernamental. La corrupción fue el cáncer que minó el progreso de Cuba y, sin mecanismos adecuados para combatirla, esta se expandió a todos los niveles del gobierno y la sociedad.

Ejemplo histórico: El ascenso de Batista y la corrupción

Fulgencio Batista, quien ya había tenido un papel importante en la política cubana, se convirtió en presidente en 1940, pero su mandato estuvo marcado por el clientelismo, el uso indebido de recursos públicos y una red de corrupción que envenenó la política cubana. Batista, al terminar su primer mandato, dejó el poder, pero su influencia y las semillas de la corrupción se habían plantado en el sistema político.

El golpe de Estado de 1952, liderado por Batista, marcó el inicio de una nueva era de corrupción desmedida. Aunque Batista se justificó argumentando que salvaría a Cuba del caos político, en realidad, su régimen se convirtió en un símbolo del abuso de poder y la corrupción desenfrenada. Este golpe fue, en parte, posible debido a la debilidad en los mecanismos de control y rendición de cuentas que la Constitución de 1940 no supo consolidar.

Corrupción y el debilitamiento de las instituciones democráticas

La corrupción bajo Batista no solo minó la confianza del pueblo en las instituciones democráticas, sino que también permitió que la oligarquía y las élites económicas se beneficiaran del sistema, mientras que los sectores más vulnerables de la población veían sus derechos y oportunidades disminuidas. El descontento social que generó esta situación fue el caldo de cultivo perfecto para el surgimiento de movimientos radicales como la Revolución de 1959.

La Fragilidad del Sistema Político y el Caos Legislativo

A pesar de los esfuerzos por garantizar la separación de poderes y una democracia multipartidista, la Constitución de 1940 no logró evitar las inestabilidades políticas. Una de las principales debilidades del sistema político cubano durante este periodo fue su fragilidad legislativa, que resultó en gobiernos ineficaces, marcados por frecuentes crisis y la incapacidad de implementar reformas profundas.

El problema del multipartidismo sin cohesión

Cuba, bajo la Constitución de 1940, adoptó un sistema de multipartidismo, lo que teóricamente ofrecía la oportunidad de una representación más diversa. Sin embargo, la falta de cohesión entre los partidos políticos y la ausencia de un liderazgo firme llevaron a una parálisis legislativa. En lugar de fortalecer la democracia, esta división creó un ambiente donde los partidos se enfrentaban más entre sí que en la búsqueda de soluciones para el país.

Ejemplo: Durante el periodo de 1940 a 1952, varios gobiernos cayeron en la trampa del clientelismo político, lo que significó que las decisiones más importantes del país eran frecuentemente bloqueadas o retrasadas por peleas entre facciones. En lugar de consolidar una democracia estable, las instituciones se volvieron vulnerables al abuso y la manipulación.

Falta de Mecanismos para Enfrentar la Desigualdad Social

Aunque la Constitución de 1940 ofrecía derechos laborales avanzados y un enfoque en la justicia social, no logró abordar eficazmente las desigualdades socioeconómicas que existían en la Cuba rural y urbana. La corrupción, el clientelismo y la concentración del poder en manos de unas pocas familias privilegiadas agravaron estas desigualdades.

Ejemplo histórico: El campesinado cubano y la brecha urbana-rural

Mientras que las ciudades cubanas, especialmente La Habana, florecían como centros económicos y culturales, las áreas rurales quedaron marginadas, con altos niveles de pobreza, analfabetismo y falta de acceso a los servicios básicos. La Constitución de 1940 no fue capaz de integrar a los campesinos y las clases más desfavorecidas en el proyecto de nación, lo que generó una creciente tensión social.

Esta situación fue aprovechada por el movimiento revolucionario. Fidel Castro y sus seguidores prometieron justicia para los campesinos y los sectores marginados, lo que les permitió ganarse el apoyo de una gran parte de la población. La Revolución de 1959 se alimentó de las fallas del sistema político y social que la Constitución de 1940 no supo corregir.

La Ausencia de un Sistema Judicial Independiente y Sólido

La Constitución de 1940 establecía un sistema de separación de poderes en teoría, pero en la práctica, el poder judicial nunca alcanzó la independencia y solidez necesarias para ser un contrapeso efectivo frente a los abusos del poder ejecutivo y legislativo. La corrupción dentro del sistema judicial se volvió endémica, lo que permitió que las decisiones legales se vieran afectadas por intereses políticos y económicos.

Ejemplo histórico: La manipulación del poder judicial

Durante los gobiernos previos a la Revolución, la corrupción en el sistema judicial permitió que muchos casos de abuso de poder, malversación de fondos y clientelismo político quedaran impunes. Esta falta de justicia y responsabilidad generó una desconfianza creciente en las instituciones, lo que permitió a los movimientos revolucionarios presentarse como la única alternativa viable para un cambio real.

El Impacto de la Corrupción en el Colapso del Sistema

La corrupción en Cuba no fue solo un problema sistémico, sino también el elemento clave que debilitó la democracia cubana y facilitó el surgimiento de líderes autoritarios. Cuando la corrupción no es controlada ni castigada, se convierte en el cáncer que destruye lentamente el tejido social y político de una nación.

1. El clientelismo y el abuso de poder: Durante las décadas de 1940 y 1950, la corrupción permitió que los políticos se mantuvieran en el poder a través de redes de clientelismo, donde los intereses personales y económicos superaban los intereses del pueblo cubano. Los recursos del Estado eran saqueados, y la falta de rendición de cuentas hizo que la corrupción se normalizara.

2. El debilitamiento de las instituciones: Sin un sistema judicial independiente, un sistema legislativo cohesionado y un ejecutivo comprometido con la transparencia, las instituciones democráticas de Cuba se volvieron cada vez más vulnerables a los abusos. El golpe de Estado de Batista fue el punto de quiebre que desmanteló las últimas esperanzas de consolidar una democracia funcional.

3. El auge del descontento popular: La corrupción no solo destruye la confianza en el gobierno, sino que también alimenta el descontento popular. Las desigualdades sociales que surgieron bajo los gobiernos corruptos, junto con la falta de oportunidades reales para las clases más desfavorecidas, dieron lugar a un sentimiento generalizado de frustración que fue capitalizado por la Revolución.

La Corrupción como el Cáncer que Cambió el Destino de Cuba

La Constitución de 1940 fue un sueño interrumpido, un plan ambicioso que prometía una Cuba próspera, justa y democrática. Pero los fallos estructurales, la corrupción generalizada y la falta de mecanismos de control efectivo convirtieron ese sueño en una pesadilla. La incapacidad para erradicar el **cáncer de la corrupción debilitó la confianza del pueblo en sus instituciones, sembró la discordia y, finalmente, permitió el surgimiento de un régimen que traicionaría la promesa de libertad.

La corrupción, como un cáncer incontrolado, erosionó los cimientos mismos del progreso cubano, y las brechas sociales y económicas que la Constitución de 1940 no pudo corregir fueron explotadas por quienes prometieron cambio, pero trajeron dictadura. La Revolución Cubana se alimentó del descontento, pero sus promesas de libertad y justicia fueron tan vacías como las promesas de aquellos que la Constitución de 1940 no pudo frenar.

Cuba, una nación que una vez se erigió sobre las ideas de progreso y derechos, fue arrastrada hacia la oscuridad de un régimen autoritario que, bajo el pretexto de acabar con la corrupción, institucionalizó el control absoluto y suprimió las libertades que había prometido proteger. Así, la falta de mecanismos efectivos para combatir la corrupción y el abuso de poder llevó a la traición de los ideales democráticos, a la consolidación del autoritarismo y, finalmente, al colapso del sueño de una Cuba libre.

Este capítulo nos invita a reflexionar sobre cómo la corrupción destruye todo lo que toca. Es un recordatorio de que ningún sistema, por avanzado que sea en su concepción, puede sobrevivir si no se construyen defensas sólidas contra la corrupción y si no se garantiza una rendición de cuentas efectiva. El futuro de cualquier nación, incluida Cuba, depende de la transparencia, la justicia y el compromiso con los valores democráticos.

Cuba tiene aún una lección que aprender de su propia historia: cuando la corrupción se infiltra en los corazones de las instituciones, arrastra consigo no solo la libertad, sino también el alma de una nación.

La verdadera libertad no se consigue solo con palabras, sino con la integridad de quienes gobiernan y la valentía de quienes exigen justicia.

Es hora de recordar que Cuba puede renacer, pero solo cuando sus ciudadanos tomen en sus manos el destino de su nación y se comprometan a erradicar el cáncer de la corrupción que ha robado su futuro.

Capítulo 4:

Liberalismo vs Dictadura

En este capítulo, vamos a explorar la profunda lucha entre dos sistemas opuestos: el **liberalismo** y la **dictadura**. Pero antes de abordar el conflicto directo entre estos conceptos, es esencial entender el contexto histórico y político en el que Cuba se desarrolló antes de la Revolución de 1959. Cuba, en las décadas anteriores a la Revolución, experimentaba un auge capitalista que, aunque exitoso en términos de crecimiento económico, tenía deficiencias significativas en la distribución de la riqueza. Este sistema económico, junto con las tensiones políticas, pavimentó el camino para la eventual llegada de la Revolución Cubana.

Luego analizaremos otros conceptos políticos que se comparan con el sistema cubano actual, como el socialismo, comunismo y fascismo, para entender cuál de estos se alinea más con la realidad histórica y contemporánea de Cuba bajo el régimen de Fidel Castro y sus sucesores.

Finalmente, abordaremos los conceptos de liberalismo, democracia y anticorrupción, como alternativas viables para el futuro de Cuba. También incluiremos una comparación entre diferentes sistemas políticos y económicos, como el capitalismo actual, el socialismo, los sistemas socialdemócratas híbridos y el liberalismo democrático. A través de esta comparación, llegaremos a conclusiones sobre cuál sistema tiene el potencial de llevar a Cuba hacia la libertad y prosperidad en el siglo XXI.

Breve Introducción al Capitalismo en Cuba antes de la Revolución de 1959

Antes de 1959, Cuba operaba bajo un sistema económico predominantemente capitalista, con un enfoque en la propiedad privada, el libre mercado y una economía orientada hacia la exportación. La industria azucarera y tabacalera eran pilares de la economía cubana, con fuertes vínculos comerciales con Estados Unidos y otros países occidentales.

- **PIB per cápita**: En la década de 1950, Cuba tenía un PIB per cápita que era comparable al de algunos países europeos.
- **Turismo y comercio**: La Habana era un centro turístico de lujo, conocido por sus casinos, hoteles y su vida nocturna, atrayendo a inversionistas extranjeros.
- **Desigualdad económica**: A pesar del crecimiento económico, gran parte de la riqueza estaba concentrada en manos de una élite, mientras que las zonas rurales enfrentaban altos niveles de pobreza y falta de acceso a servicios básicos.

Este contexto permitió que el descontento social creciera, particularmente en las áreas rurales, lo que eventualmente alimentaría el apoyo popular para la Revolución Cubana. El sistema capitalista que operaba en Cuba no había logrado resolver las profundas desigualdades sociales y económicas.

Conceptos de sistemas políticos

1. Concepto de Capitalismo

El capitalismo es un sistema económico basado en la propiedad privada de los medios de producción, donde los precios y la distribución de bienes y servicios son determinados principalmente por las leyes de la oferta y la demanda. Bajo el capitalismo, las empresas y los individuos tienen la libertad de competir en el mercado, y el objetivo principal de las actividades económicas es maximizar los beneficios.

- **Libertad económica**: Los individuos son libres de poseer propiedades, gestionar sus negocios y decidir sobre la producción y el consumo de bienes y servicios.
- **Competencia**: La competencia entre empresas impulsa la innovación y la mejora en la eficiencia, lo que en teoría beneficia a los consumidores con mejores productos y servicios.
- **Desigualdad**: Aunque el capitalismo puede generar una gran riqueza, también tiende a concentrar esa riqueza en manos de unos pocos, lo que puede aumentar la desigualdad si no se aplican regulaciones adecuadas.

Capitalismo en Cuba antes de 1959: Cuba, en los años previos a la Revolución, estaba inmersa en un sistema capitalista, donde la propiedad privada era dominante y las industrias clave, como el azúcar y el tabaco, estaban controladas por empresas privadas nacionales y extranjeras. Aunque la economía era próspera en algunas áreas, la desigualdad era evidente, especialmente en las zonas rurales, donde predominaba la pobreza.

- **Pros del capitalismo cubano pre-revolución**:
  - Crecimiento económico rápido en sectores como el turismo, el azúcar y el tabaco.
  - Alta inversión extranjera, especialmente de Estados Unidos.
- **Contras**:
  - Desigualdad económica marcada entre las élites urbanas y los campesinos rurales.
  - Corrupción política que minaba la estabilidad de las instituciones democráticas.

2. Concepto de Socialismo

El **socialismo** es un sistema político y económico en el cual los medios de producción (tierra, fábricas, recursos) están en manos del Estado o de cooperativas. El objetivo del socialismo es la redistribución equitativa de la riqueza y la eliminación de las desigualdades económicas. Bajo el socialismo, el Estado suele desempeñar un papel importante en la planificación económica y en la distribución de los recursos.

- **Propiedad colectiva**: La propiedad privada se limita, y las grandes empresas y sectores estratégicos de la economía son controlados por el Estado.
- **Igualdad social**: Uno de los principales objetivos es reducir o eliminar la desigualdad económica mediante la redistribución de la riqueza.
- **Intervención estatal**: El gobierno controla gran parte de la economía y los recursos para asegurar que todos los ciudadanos tengan acceso a bienes y servicios esenciales.

3. Concepto de Comunismo

El **comunismo** es una forma extrema de socialismo donde no existe propiedad privada, y toda la propiedad es de carácter colectivo, controlada por el Estado en nombre del pueblo. El comunismo, en teoría, aspira a crear una sociedad sin clases, donde los recursos y la producción se distribuyen equitativamente entre todos los ciudadanos.

- **Propiedad colectiva total**: No hay propiedad privada de los medios de producción. Todo es propiedad del Estado.
- **Sociedad sin clases**: El objetivo final es una sociedad donde no haya diferencias entre ricos y pobres.
- **Control absoluto del Estado**: En la práctica, los gobiernos comunistas han sido altamente centralizados, con un control absoluto sobre la vida económica y social.

En la teoría marxista, el comunismo se alcanzaría después de una fase de socialismo, una vez que el Estado haya desaparecido y la sociedad haya alcanzado una etapa de equidad perfecta. Sin embargo, en la práctica, los regímenes comunistas han mantenido el poder del Estado indefinidamente.

4. Concepto de Fascismo

El **fascismo** es un sistema político que se caracteriza por su nacionalismo extremo, la represión de la disidencia y el control autoritario sobre la sociedad. Aunque permite la propiedad privada, el Estado ejerce un control centralizado sobre la economía y la vida política, y se enfoca en la creación de un Estado fuerte y militarizado.

- **Nacionalismo**: El fascismo promueve la supremacía del Estado por encima del individuo, enfatizando el nacionalismo extremo y la superioridad de una nación sobre las demás.
- **Autoritarismo**: Los líderes fascistas ejercen un control total sobre el gobierno, suprimen la oposición y a menudo imponen medidas represivas contra minorías o grupos disidentes.
- **Propiedad privada bajo control estatal**: Aunque el fascismo permite la propiedad privada, el Estado dicta cómo deben operar las empresas y controla muchos aspectos de la vida económica.

Comparación del Régimen de Fidel Castro con Socialismo, Comunismo y Fascismo

El régimen de Fidel Castro ha sido una mezcla compleja de socialismo, comunismo y elementos autoritarios que en ciertos aspectos se asemejan al fascismo. A continuación, desglosamos cómo el régimen cubano encaja dentro de cada uno de estos sistemas:

1. Socialismo

- **Control de los medios de producción**: Tras el triunfo de la Revolución, el gobierno cubano nacionalizó la mayoría de las empresas y recursos estratégicos, eliminando casi por completo la propiedad privada en sectores clave.
- **Enfoque en la igualdad social**: El régimen cubano promovió la igualdad económica, eliminando las diferencias de clases a través de la redistribución de recursos y el acceso universal a servicios básicos como la salud y la educación.

2. Comunismo

- **Propiedad colectiva de los medios de producción**: Aunque se autodenominó un Estado socialista, el régimen cubano adoptó muchas características del comunismo, como la propiedad estatal de casi todos los recursos.
- **Control absoluto del Estado**: El gobierno cubano ejerció un control total sobre la economía, la sociedad y la política, lo que refleja los principios comunistas en la práctica, aunque con una mayor concentración de poder en el liderazgo.

3. Fascismo

- **Represión de la disidencia**: Aunque el régimen cubano no es fascista en su ideología, adoptó prácticas fascistas en cuanto a la represión brutal de la oposición política, con el uso de la policía secreta y medidas de control social.
- **Autoritarismo**: Fidel Castro ejerció un control total y autoritario sobre la sociedad, silenciando a los opositores y manteniendo un Estado fuertemente centralizado.
- **Nacionalismo**: Aunque no alcanzó el nivel de nacionalismo extremo del fascismo, el gobierno cubano promovió una identidad revolucionaria fuerte y antiimperialista.

¿En su opinión a cuál de esos sistemas políticos se asemeja más el régimen dictatorial de Fidel Castro y la Revolución Cubana?

4. Concepto de Liberalismo

El **liberalismo** es una filosofía política centrada en la libertad individual, la democracia representativa, y los derechos humanos. A nivel económico, promueve un mercado libre y abierto, con el menor nivel de intervención estatal posible, siempre garantizando los derechos individuales.

- **Libertad de expresión y derechos civiles**: Los ciudadanos tienen garantizadas sus libertades individuales, como la libertad de prensa, de expresión y de asociación.
- **Gobierno limitado**: El poder del Estado está limitado para evitar abusos, con una clara separación de poderes.
- **Economía de mercado**: Aunque se permite la intervención estatal para regular ciertos aspectos, el mercado es libre y los individuos tienen derecho a participar en actividades económicas sin interferencias indebidas.

5. Concepto de Democracia

La **democracia** es un sistema de gobierno en el que el poder reside en los ciudadanos, quienes lo ejercen a través de **elecciones libres y justas**. Existen diferentes formas de democracia, pero todas comparten ciertos principios fundamentales:

- **Soberanía popular**: El poder emana del pueblo, que elige a sus representantes en el gobierno.
- **Separación de poderes**: La división entre el poder ejecutivo, legislativo y judicial asegura un sistema de contrapesos.
- **Protección de los derechos individuales**: En una democracia, los derechos de los individuos están garantizados, y los ciudadanos tienen voz en las decisiones políticas que afectan sus vidas.

6. Concepto de Anticorrupción

La **anticorrupción** se refiere a la implementación de leyes, políticas y mecanismos para prevenir y sancionar los actos de corrupción en los gobiernos y en las instituciones públicas y privadas. Un sistema efectivo de anticorrupción incluye:

- **Transparencia**: Las actividades gubernamentales y financieras deben ser transparentes para que los ciudadanos puedan ejercer una vigilancia adecuada.
- **Rendición de cuentas**: Los funcionarios públicos deben ser responsables por sus acciones y decisiones, y estar sujetos a sanciones legales si incurren en prácticas corruptas.

- **Leyes estrictas**: Un marco legal sólido que castigue el soborno, la malversación de fondos y otros actos corruptos es esencial.
- **Instituciones independientes:** Es fundamental que existan organismos independientes que supervisen el comportamiento de los funcionarios y aseguren que el gobierno actúe de manera justa y transparente.

7. Concepto de Sistemas Políticos Híbridos: Socialdemocracia

La **socialdemocracia** es un sistema político y económico que busca combinar la economía de mercado con fuertes políticas de bienestar social. A diferencia del socialismo puro, la socialdemocracia permite la propiedad privada y el mercado libre, pero con una alta intervención del Estado para garantizar la redistribución de la riqueza y el acceso universal a servicios esenciales como la salud, la educación, y la seguridad social.

- **Intervención del Estado**: Aunque se permite la propiedad privada y el mercado libre, el Estado interviene para regular la economía, redistribuir la riqueza y garantizar una red de seguridad social.

- **Bienestar social**: Los gobiernos socialdemócratas buscan ofrecer educación gratuita, atención médica universal, y una protección laboral robusta.
- **Libertad política**: A diferencia de los regímenes autoritarios, la socialdemocracia se basa en principios democráticos, garantizando los derechos individuales y la participación política.

Sistemas Políticos de la actualidad y en qué país o países están vigente actualmente

1. Capitalismo Actual

- **Estados Unidos**: El capitalismo en Estados Unidos es uno de los más representativos a nivel global. La economía de mercado es abierta y competitiva, con un alto grado de libertad económica. Las empresas privadas dominan los sectores productivos, y el gobierno interviene principalmente para regular mercados y asegurar la competencia.
- **Singapur**: Aunque tiene un sistema autoritario, Singapur es una de las economías más abiertas del mundo. El gobierno promueve la inversión extranjera y la innovación, lo que ha llevado al país a ser uno de los centros financieros más importantes.

2. Socialismo

- **Cuba**: Cuba es uno de los ejemplos más claros de un sistema socialista, donde la mayoría de los sectores económicos son controlados por el Estado. Aunque permite algunas formas de propiedad privada en áreas no estratégicas, la economía está planificada centralmente.

- **Vietnam**: Aunque Vietnam ha adoptado reformas de mercado, sigue siendo un Estado socialista donde el Partido Comunista controla el gobierno y gran parte de la economía, con fuerte intervención estatal en áreas clave.

3. Comunismo

- **Corea del Norte**: El único ejemplo de un país comunista que sigue la doctrina del control total del Estado sobre todos los aspectos de la economía y la sociedad. No existe propiedad privada, y el Partido de los Trabajadores controla todos los medios de producción.
- **China (históricamente)**: Aunque hoy China se describe a sí misma como un país socialista con características chinas, bajo el liderazgo de Mao Zedong fue un Estado comunista clásico. Actualmente, sigue siendo un régimen comunista en términos de control político, pero ha abierto su economía al capitalismo de Estado.

4. Fascismo (Histórico)

- **Italia bajo Benito Mussolini**: El régimen fascista de Mussolini controlaba todas las facetas de la vida italiana, utilizando la represión política y el nacionalismo extremo para mantenerse en el poder. Aunque permitía la propiedad privada, el Estado intervenía fuertemente en la economía.
- **Alemania Nazi**: Aunque el fascismo de Hitler se diferenció del de Mussolini en su énfasis en la ideología racial, ambos regímenes compartían características como el **control totalitario**, el **nacionalismo extremo**, y la intervención del Estado en la economía.

5. Liberalismo Democrático

- **Canadá**: Un ejemplo de liberalismo democrático moderno. Canadá tiene un sistema de gobierno democrático con una economía de mercado abierta, donde los derechos civiles están fuertemente protegidos y el gobierno garantiza libertades individuales y transparencia.
- **Reino Unido**: El sistema del Reino Unido es un buen ejemplo de liberalismo democrático. Los ciudadanos disfrutan de libertades políticas y civiles, y la economía es predominantemente capitalista, con intervención gubernamental mínima, pero con regulación.

6. Socialdemocracia

- **Suecia**: Uno de los ejemplos más conocidos de socialdemocracia. Suecia combina un mercado capitalista con un fuerte estado de bienestar que garantiza educación gratuita, sanidad universal y protección social. Aunque la economía es de libre mercado, el gobierno interviene significativamente para redistribuir la riqueza.
- **Noruega**: Al igual que Suecia, Noruega es una socialdemocracia donde los derechos sociales están muy protegidos. Aunque el país tiene un mercado libre, el Estado interviene para garantizar que los beneficios de la riqueza se distribuyan equitativamente entre los ciudadanos.

Resumen de Ejemplos de Países por Sistema Político

Sistema Político	Ejemplos de Países
Capitalismo Actual	Estados Unidos, Singapur
Socialismo	Cuba, Vietnam, Laos
Comunismo	Corea del Norte, China, Union Sovietica
Fascismo (Histórico)	Italia bajo Mussolini, Alemania Nazi
Liberalismo Democrático	Canadá, Reino Unido
Socialdemocracia	Suecia, Noruega

Resumen Final

La comparación de estos sistemas políticos y económicos nos permite ver claramente que cada uno tiene sus ventajas y desventajas. Sin embargo, cuando miramos al futuro de Cuba, es evidente que el liberalismo democrático y la socialdemocracia son los sistemas que más se alinean con la posibilidad de un país libre, próspero y con igualdad de oportunidades.

- El liberalismo democrático ofrece la libertad individual y los derechos económicos necesarios para que los cubanos puedan prosperar en una economía de mercado abierta. Además, garantiza las libertades civiles y promueve una transparencia gubernamental que es esencial para evitar los errores del pasado.
- La socialdemocracia complementa este enfoque, ofreciendo un equilibrio entre libertad económica y protección social, asegurando que ningún cubano se quede atrás, sin sacrificar la innovación y el crecimiento económico.

Ambos sistemas destacan por su enfoque en el estado de derecho, la separación de poderes, y la participación ciudadana, elementos que son clave para construir una sociedad donde la libertad, la prosperidad y la justicia social puedan florecer.

Cuba en el Siglo XXI

El sistema que puede llevar a Cuba a la libertad y prosperidad en el siglo XXI es uno que combine las libertades individuales del liberalismo democrático con la protección social de la socialdemocracia. Esto permitiría que el país se abra a la inversión, la innovación y el crecimiento económico, al mismo tiempo que garantiza que los beneficios de ese crecimiento se distribuyan de manera justa entre todos los ciudadanos.

Cuba, un país con una rica historia y un pueblo resiliente, tiene el potencial de convertirse en un ejemplo de libertad y prosperidad si se adoptan los principios de la democracia liberal y se consolidan sistemas anticorrupción que impidan la repetición de los errores del pasado. El camino hacia la libertad y la prosperidad está al alcance, pero requiere un compromiso firme con los valores democráticos, la justicia social y la transparencia gubernamental.

Cuestionario de Reflexión: El Futuro Político y Económico de Cuba

Reflexión Personal y Nacional

1. ¿Qué crees que es lo más importante para el desarrollo de un país: la libertad económica o la igualdad social?

o ¿Por qué? ¿Cómo crees que estas prioridades impactan en la calidad de vida de los ciudadanos?

2. Si fueras cubano y vivieras en una Cuba libre, ¿qué sistema político crees que sería el mejor para garantizar tus derechos y libertades como ciudadano?

   o ¿Preferirías un sistema donde el gobierno tenga más control sobre la economía y los recursos, o uno donde los ciudadanos tengan más control sobre sus propias decisiones y bienes?

3. ¿Qué importancia crees que tiene la libertad de expresión y la pluralidad política en una democracia?

   o En una Cuba futura, ¿cómo crees que se debería garantizar la participación política y evitar el monopolio del poder?

4. ¿Cuáles son los principales problemas que el sistema cubano actual no ha podido resolver?

   o ¿Cómo crees que un cambio en el sistema político y económico podría abordar estos problemas?

5. ¿Qué te parecería un sistema híbrido como la socialdemocracia, donde se combinan las libertades del mercado con una fuerte red de seguridad social?

   o ¿Crees que un modelo socialdemócrata podría resolver problemas como la desigualdad y el estancamiento económico en Cuba?

6. Cuando piensas en un futuro para Cuba, ¿qué es más importante para ti: un gobierno que promueva la igualdad económica o un gobierno que garantice la libertad personal y los derechos civiles?

   o ¿Cómo se podría encontrar un equilibrio entre ambos?

7. ¿Cuál consideras que sería el papel ideal del Estado en la economía de una Cuba libre?

   o ¿Crees que el gobierno debe regular la economía intensamente, o que los individuos y las empresas deberían tener mayor autonomía?

8. ¿Qué sistema crees que proporcionaría más oportunidades de desarrollo personal y económico para todos los ciudadanos, sin importar su origen o clase social?

   o ¿Piensas que Cuba necesita un cambio hacia un sistema donde la meritocracia y el esfuerzo individual sean más importantes?

9. En tu opinión, ¿cuál de los sistemas discutidos en el capítulo (capitalismo, socialismo, comunismo, fascismo, liberalismo democrático, socialdemocracia) ofrece la mejor combinación de libertad política, derechos individuales y desarrollo económico?

   o ¿Qué características de ese sistema son las que más te atraen o consideras necesarias para Cuba?

10. ¿Cómo piensas que se puede garantizar en una Cuba libre un sistema anticorrupción eficaz y sostenible?

    o ¿Qué mecanismos propondrías para asegurar que la corrupción no se infiltre en las instituciones y la vida política?

Comparando Sistemas para el Futuro de Cuba

11. Si pudieras decidir el futuro político de Cuba, ¿preferirías un sistema más orientado hacia el liberalismo democrático, donde las libertades individuales son priorizadas, o un sistema más centralizado como el socialismo o comunismo?

    o ¿Por qué crees que uno de estos sistemas es más adecuado para el contexto cubano actual?

12. En una Cuba futura, ¿qué papel crees que debería tener la propiedad privada?

    o ¿Crees que el control estatal de los recursos y las empresas es beneficioso o que debe haber un mayor incentivo para la propiedad y el emprendimiento privado?

13. ¿Qué sistema político crees que permitiría a Cuba tener una mayor integración y competitividad a nivel internacional?

- ○ ¿Cómo impactaría en la economía cubana la apertura a los mercados internacionales?

14. Si fueras a elegir el sistema que mejor garantice la prosperidad, libertad y estabilidad a largo plazo, ¿cuál sería?

- ○ ¿Qué elementos concretos de ese sistema te parecen los más atractivos o los más necesarios para garantizar el bienestar de los cubanos?

15. Finalmente, si Cuba alcanzara la libertad, ¿qué sistema político crees que reflejaría mejor los valores, la cultura y el potencial del pueblo cubano?

- ○ ¿Piensas que Cuba necesita un sistema político completamente nuevo o puede aprender de los sistemas de otros países para forjar su propio camino hacia la prosperidad?

Capítulo 5:

La Necesidad de una Nueva Constitución

Una Constitución no es simplemente un conjunto de leyes; es el documento fundador que define los valores, principios y aspiraciones de una nación. En el caso de Cuba, tras décadas de un régimen autoritario y una larga historia de inestabilidad política, se ha vuelto evidente que una nueva Constitución es imprescindible para el renacer del país en el siglo XXI. Este capítulo propone la creación de una Constitución moderna que, basada en los principios de libertad, democracia, y anticorrupción, pueda guiar a Cuba hacia un futuro próspero y equitativo.

La Necesidad de Actualizar la Constitución

La Constitución de 1940, aunque fue avanzada para su época, está desfasada y no refleja los desafíos actuales que enfrenta Cuba. Los problemas de corrupción, desigualdad, represión y falta de oportunidades que surgieron bajo ese marco legal han demostrado que no es suficiente para garantizar una democracia moderna. Cuba necesita una nueva Constitución que no solo refleje los avances en derechos humanos y democracia del siglo XXI, sino que también establezca mecanismos efectivos para prevenir la corrupción y garantizar los derechos individuales de todos los ciudadanos.

Ejemplos de Cómo Otras Naciones Han Evolucionado con Nuevas Constituciones

1. Alemania (Constitución de 1949, Ley Fundamental):
   o Después de la Segunda Guerra Mundial, Alemania implementó una Constitución moderna que garantizaba la separación de poderes, los derechos individuales y la rendición de cuentas. Esta Constitución ha sido clave para convertir a Alemania en una de las democracias más estables y prósperas del mundo.
2. Sudáfrica (Constitución de 1996):
   o Tras el fin del apartheid, Sudáfrica adoptó una nueva Constitución que protegía los derechos civiles y promovía la igualdad racial. Esto permitió una transición pacífica hacia un gobierno democrático que ha garantizado estabilidad social.

Cómo Beneficiaría una Nueva Constitución a Cuba

Una nueva Constitución basada en los principios de libertad, democracia y anticorrupción traería innumerables beneficios a Cuba:

- Estabilidad política: Garantizaría que el poder esté distribuido entre distintas instituciones y no concentrado en un solo partido o individuo, lo que evitaría futuros regímenes autoritarios.
- Crecimiento económico: Crearía un entorno que atraería inversión extranjera y fomentaría el emprendimiento local. Esto reduciría la dependencia de la economía cubana en sectores monopolizados por el Estado y diversificaría las fuentes de empleo.
- Derechos individuales y sociales: Una Constitución moderna garantizaría que todos los cubanos, independientemente de su estatus social, económico o político, tengan acceso a la justicia, a la libertad de expresión y a igualdad de oportunidades.

Creación de una Nueva Constitución desde el Exilio: Participación Global de los Cubanos.

Dado que millones de cubanos viven fuera de la isla, la tecnología y los medios de comunicación pueden ser herramientas poderosas para permitir que tanto los cubanos en el exilio como los que viven en la isla participen en el proceso de redacción y aprobación de una nueva Constitución.

Ideas y Propuestas para Crear un Sistema Democrático de Participación

1. Plataformas en Línea para la Participación Ciudadana:
   - Crear una plataforma en línea, accesible para todos los cubanos, donde los ciudadanos puedan opinar, debatir y votar sobre los artículos propuestos para la nueva

Constitución. Esta plataforma podría ser organizada por una coalición de cubanos en el exilio, en colaboración con organizaciones internacionales que promuevan la democracia y los derechos humanos.

- o La plataforma debe ser segura, protegida contra ataques cibernéticos y diseñada para permitir la participación tanto de cubanos en el exilio como de aquellos dentro de la isla, utilizando tecnologías VPN para sortear la censura gubernamental en Cuba.

2. Asambleas Virtuales y Foros de Debate:
   - o Se pueden organizar asambleas virtuales donde expertos en derecho constitucional, economía y derechos humanos, junto con ciudadanos cubanos, discutan

abiertamente sobre los principios fundamentales que debe incluir la nueva Constitución.

- o Estos foros servirían para educar a los cubanos que nunca han vivido en un sistema democrático sobre los derechos y libertades que ofrece una constitución moderna.

3. Encuestas Digitales y Votaciones Simuladas:
   - o Implementar encuestas y votaciones digitales para que los cubanos puedan expresar su opinión sobre los puntos clave de la nueva Constitución, como la separación de poderes, el sistema judicial independiente, y las garantías de derechos humanos.

4. Creación de una Guía de Transición:
   - o Se debe desarrollar una guía de transición que explique los pasos a seguir una vez que el régimen actual caiga. Esta guía detallaría cómo implementar la nueva Constitución provisionalmente hasta que el pueblo cubano pueda votar de manera democrática para ratificarla.

5. Participación de los Cubanos en el Exterior y en la Isla:
   - o Para asegurar la participación de todos los cubanos, tanto dentro como fuera de la isla, se deben emplear mecanismos inclusivos que permitan a los ciudadanos en el exilio votar y ser parte del proceso. Esto se puede lograr mediante una plataforma en línea que proteja la privacidad y garantice el anonimato de los votantes, especialmente aquellos en la isla que temen represalias.

Beneficios para el cubano en la Isla

Para muchos cubanos dentro de la isla, el concepto de libertad individual y derechos civiles puede parecer abstracto, ya que han vivido bajo un régimen que ha adoctrinado a la población y restringido las libertades. Sin embargo, una propuesta constitucional clara y bien estructurada puede:

1. Educar sobre las libertades: Mostrar a los cubanos que hay alternativas a la opresión. Que un futuro con libertad de expresión, acceso a la justicia, y oportunidades económicas es posible.

2. Garantizar la protección de los derechos: Asegurar que, bajo la nueva Constitución, los cubanos tendrán derechos inalienables que no podrán ser arrebatados por ningún futuro gobierno autoritario.

3. Crear un marco de seguridad: La nueva Constitución debe incluir cláusulas que impidan que otro tirano o régimen autoritario tome el control del país en el futuro. Esto puede lograrse a través de la separación de poderes, la libertad de prensa y los controles democráticos.

Cuestionario para la Reflexión del Lector

1. ¿Por qué crees que es tan importante para un país tener una Constitución moderna y bien diseñada?
   - ¿Qué papel crees que juega una Constitución en la vida cotidiana de los ciudadanos?

2. Si fueras parte del proceso de redacción de una nueva Constitución para Cuba, ¿qué elementos crees que no deben faltar para garantizar una verdadera democracia?
   - ¿Qué principios consideras esenciales para evitar la concentración de poder en un solo individuo o partido?

3. ¿Cómo crees que una plataforma en línea que permita la participación de los cubanos de todo el mundo podría transformar el futuro de Cuba?
   - ¿Qué ideas propondrías para asegurar que todos los cubanos, independientemente de su ubicación, tengan voz en este proceso?

4. ¿Qué derechos crees que deben ser fundamentales en la nueva Constitución de Cuba?
   - ¿Cómo pueden estos derechos garantizar una vida mejor para todos los cubanos?

5. ¿Por qué crees que es esencial que los cubanos dentro de la isla sean parte activa de la creación de su nueva Constitución?

   o ¿Qué impacto crees que tendría este proceso en la mentalidad de los cubanos que han vivido bajo un régimen autoritario?

6. ¿Cómo crees que una nueva Constitución podría prevenir que Cuba caiga en manos de otro régimen autoritario en el futuro?

   o ¿Qué mecanismos crees que son necesarios para evitar la repetición de la historia?

7. Si fueras cubano, ¿cómo te gustaría que fuera tu país en los próximos 10 años bajo una nueva Constitución?

   o ¿Qué cambios esperarías ver en la política, la economía y la sociedad?

El Camino Hacia una Nueva Cuba

La creación de una nueva Constitución no solo es necesaria, sino inevitable para que Cuba pueda salir del ciclo de pobreza, represión y corrupción en el que ha estado sumida por décadas. Desde el exilio, los cubanos pueden comenzar a trabajar en una propuesta que refleje los valores del siglo XXI, utilizando la tecnología y la participación democrática global para que todos los cubanos, dentro y fuera de la isla, tengan la oportunidad de opinar, votar y soñar con una Cuba libre.

Una propuesta constitucional y una guía de transición no solo serán instrumentos para una transición pacífica, sino que también servirán como garantías de que el futuro de Cuba no caerá nuevamente en manos de tiranos o dictaduras. Esta nueva Constitución debe ser la base para construir un país donde la justicia, la libertad, y las oportunidades sean accesibles para todos, sin importar su origen o situación social.

El Papel de los Medios de Comunicación y la Tecnología en la Transición

El poder de la tecnología puede ser clave en este proceso. A través de redes sociales, plataformas en línea y herramientas de comunicación seguras, se puede crear un espacio donde todos los cubanos puedan participar. Los medios de comunicación independientes en el exilio podrían servir como un canal para difundir información sobre el progreso de la propuesta constitucional, asegurando que los ciudadanos dentro de Cuba tengan acceso a los debates y puedan opinar sobre el futuro de su nación.

Propuestas concretas para utilizar la tecnología en este proceso:

1. Aplicaciones móviles seguras: Desarrollar aplicaciones móviles que permitan a los cubanos, tanto dentro como fuera de la isla, participar en discusiones sobre la nueva Constitución. Estas apps podrían incluir encuestas, votaciones y foros de discusión,

asegurando que las voces de los ciudadanos sean escuchadas de manera segura y confidencial.

2. Plataformas de votación digital descentralizada: Utilizar tecnologías de blockchain para crear un sistema de votación digital seguro y transparente que permita a los cubanos votar sobre las propuestas de la nueva Constitución. Este sistema garantizaría que cada voto cuente y que el proceso sea resistente a manipulaciones.

3. Asambleas virtuales: Organizar asambleas virtuales donde expertos constitucionales, líderes comunitarios, y ciudadanos puedan debatir sobre los artículos de la nueva Constitución.

Estas asambleas podrían transmitirse en vivo a través de plataformas como YouTube o Facebook, garantizando la transparencia del proceso.

4. Acceso a la información: Los medios de comunicación en el exilio, junto con los activistas dentro de la isla, pueden trabajar en conjunto para difundir información clave sobre los derechos fundamentales que debería garantizar una nueva Constitución, educando a la población cubana sobre temas como la libertad de prensa, el derecho a la propiedad privada, y los derechos civiles.

El Beneficio de una Propuesta Constitucional para el Pueblo Cubano

Muchos cubanos, especialmente los que han crecido bajo el régimen actual, no tienen una visión clara de lo que es vivir en un país donde existen derechos como la libertad de expresión, la libertad económica, y la libertad política. Para ellos, una nueva Constitución puede ser el puente hacia un futuro lleno de oportunidades y una vida con dignidad. Esta propuesta no solo educará sobre las libertades que pueden alcanzarse, sino que también servirá como inspiración para aquellos que han sido reprimidos y controlados por tanto tiempo.

¿Cómo beneficiaría una nueva Constitución al cubano de a pie?

- Educación sobre los derechos: Una nueva Constitución les mostrará a los cubanos qué es posible bajo un gobierno democrático. Derechos como el acceso a la justicia, la igualdad ante la ley, y la libertad económica abrirán los ojos de aquellos que solo conocen la represión.

- Oportunidades económicas: Con una Constitución que garantice el derecho a la propiedad privada y promueva un mercado libre, los cubanos tendrían la posibilidad de emprender, invertir y trabajar en un entorno económico que valore el esfuerzo individual y la meritocracia.

- Estabilidad política: Un gobierno basado en una nueva Constitución garantizaría la separación de poderes y evitaría la concentración de poder en un solo partido o individuo, como ha sido el caso en el régimen actual. Esto proporcionaría una estabilidad a largo plazo que beneficiaría a toda la nación.
- Freno a futuros tiranos: Con la implementación de mecanismos democráticos sólidos, la nueva Constitución aseguraría que ningún futuro líder pudiera abusar de su poder o suprimir las libertades fundamentales. Los sistemas de control y balance garantizarían que la voluntad del pueblo prevalezca.

Cuestionario para Reflexionar sobre la Nueva Constitución

1. ¿Qué papel crees que debe jugar la tecnología en la creación de la nueva Constitución para Cuba?
   - ¿Cómo crees que puede facilitar la participación de cubanos de todo el mundo?
2. Si tuvieras la oportunidad de votar sobre los artículos de una nueva Constitución para Cuba, ¿qué derechos y principios serían imprescindibles para ti?
   - ¿Por qué crees que esos derechos son fundamentales para el desarrollo de una Cuba libre y próspera?
3. ¿Crees que es importante que los cubanos en el exilio y los que viven en la isla trabajen juntos en la creación de una nueva Constitución?
   - ¿Cómo se pueden unir ambas comunidades en este proceso para garantizar que la nueva Constitución represente a todos?
4. ¿Qué mecanismos propondrías para asegurar que la nueva Constitución no pueda ser manipulada o ignorada por futuros gobiernos?
   - ¿Qué sistemas de control y balance propondrías para prevenir que otro régimen autoritario tome el poder?

5. Si fueras a diseñar una plataforma digital para que los cubanos pudieran votar y opinar sobre la nueva Constitución, ¿qué características debería tener para garantizar la seguridad y la transparencia?

   o ¿Cómo asegurarías que todos los cubanos puedan participar sin temor a represalias?

6. ¿Qué aspectos crees que deben abordarse en la nueva Constitución para garantizar que Cuba nunca vuelva a caer en manos de una dictadura?

   o ¿Cómo se puede proteger la libertad de prensa y los derechos individuales en el futuro?

7. ¿Cómo imaginas una Cuba en 10 o 20 años con una nueva Constitución basada en los principios de libertad, democracia y anticorrupción?

   o ¿Qué cambios esperas ver en la vida diaria de los ciudadanos y en la estabilidad política del país?

Conclusión: Un Camino Hacia una Cuba Libre y Democrática

El proceso de redacción y aprobación de una nueva Constitución es crucial para el futuro de Cuba. No se trata solo de cambiar leyes; se trata de transformar la sociedad cubana y sentar las bases para una Cuba libre, próspera, y democrática. Con la tecnología, los medios de comunicación y la participación de cubanos tanto dentro como fuera de la isla, es posible crear un movimiento constitucional que unifique a la nación y asegure un futuro donde los derechos de cada ciudadano sean respetados.

La propuesta de una nueva Constitución no solo es un plan para un nuevo gobierno, sino también una herramienta educativa que mostrará a los cubanos que han vivido bajo el yugo de la dictadura que un futuro lleno de libertades y oportunidades es posible. Este esfuerzo colectivo, utilizando las herramientas del siglo XXI, puede asegurarse de que el pueblo cubano nunca vuelva a ser oprimido y que los derechos fundamentales de todos sean protegidos y garantizados.

El día que el régimen actual caiga, Cuba tendrá ante sí una oportunidad única de construir una nación sobre la base de la libertad, la justicia, y la prosperidad. Con una nueva Constitución bien diseñada, el pueblo cubano podrá finalmente reclamar su derecho a un futuro mejor, libre de tiranía, y lleno de esperanza.

Capítulo 6:

Propuesta de una Constitución Moderna

Una Propuesta de Constitución Moderna para el Futuro de Cuba

La creación de una nueva Constitución para Cuba es un paso fundamental en el camino hacia la libertad, la prosperidad y el bienestar del pueblo. Hoy, más que nunca, la isla necesita una Constitución que refleje los valores contemporáneos de libertad individual, democracia auténtica y un enfoque riguroso contra la corrupción, basada en los principios del liberalismo. El liberalismo, en su esencia, busca maximizar las libertades individuales, fomentar la innovación y promover un ambiente donde el talento y la creatividad puedan prosperar. La democracia, por su parte, asegura que el poder resida en el pueblo, en su capacidad de elección y en su derecho a participar activamente en la toma de decisiones. Y, en un mundo donde la corrupción ha corrompido tantos sistemas, la anticorrupción se erige como un pilar esencial para garantizar la justicia, la igualdad y el progreso sostenible.

Los cubanos, tanto dentro como fuera de la isla, han demostrado una capacidad única para superar desafíos. Su creatividad, resiliencia e inventiva, forjada en circunstancias de extrema necesidad, es un testimonio del potencial que tienen para construir un futuro brillante. Un sistema político que fomente la libertad y elimine las barreras impuestas por el autoritarismo actual no solo permitirá que estos talentos florezcan, sino que también establecerá las bases para un crecimiento exponencial en todas las áreas: económica, social y cultural.

En este capítulo, presentaremos cómo una Constitución moderna basada en estos principios podría transformar radicalmente el futuro de Cuba. Exploraremos en detalle los derechos fundamentales que deben ser garantizados, las reformas estructurales necesarias y los mecanismos que asegurarán que nunca más la nación caiga bajo el control de una dictadura. También analizaremos los errores del pasado para asegurarnos de que no se repitan, y propondremos cómo, con el uso de la tecnología y los medios de comunicación, los cubanos de todo el mundo pueden participar activamente en la creación y revisión de esta nueva Constitución.

Algunos de los temas clave que abordaremos en este capítulo incluyen:

- Derechos y Libertades Fundamentales: Proteger los derechos esenciales como la libertad de expresión, la libertad de prensa, la libertad de asociación y la libertad religiosa. Estas son las piedras angulares de cualquier sociedad verdaderamente libre y democrática.

- Transparencia y Anticorrupción: Establecer mecanismos que garanticen la transparencia en todas las actividades gubernamentales y aseguren que los funcionarios públicos rindan cuentas por sus acciones.

- Democracia y Participación Ciudadana: Asegurar un sistema electoral transparente y justo, donde todos los ciudadanos tengan voz y voto. Esto incluye también la promoción de la descentralización del poder, garantizando que los gobiernos locales tengan autonomía y recursos.

- Economía Libre y Propiedad Privada: Fomentar un entorno donde la libre empresa y la protección de la propiedad privada sean pilares de la prosperidad económica, permitiendo a los cubanos desarrollar todo su potencial.

Al finalizar este capítulo, el lector tendrá una visión clara de cómo una Constitución que refleje estos principios puede devolver la dignidad y la libertad a cada ciudadano cubano, así como las herramientas necesarias para construir una nación próspera, libre de la sombra de la tiranía.

En una propuesta de constitución estos son los aspectos más relevantes para tener en cuenta.

1. Preámbulo

- Explicación de los valores y objetivos fundamentales del Estado.
- Visión del país, sus aspiraciones y los principios que guían la constitución.

2. Derechos y Libertades Fundamentales

- Libertad de expresión.
- Libertad de prensa.
- Derecho a la vida.
- Derecho a la privacidad.
- Libertad religiosa.
- Derecho de reunión y asociación.
- Derecho al debido proceso y a un juicio justo.
- Derecho a la propiedad privada.

3. Estructura del Gobierno

- **Poder Ejecutivo**: Funciones y competencias del presidente o jefe de estado.
- **Poder Legislativo**: Estructura y funciones del parlamento o congreso, bicameral o unicameral.

- **Poder Judicial**: Organización de los tribunales y el sistema de justicia.

4. Separación de Poderes

- Principios de independencia y equilibrio entre los poderes ejecutivo, legislativo y judicial.

5. Soberanía Popular

- Principio de que el poder reside en el pueblo, que elige a sus representantes mediante elecciones libres y justas.

6. Estado de Derecho

- Principio de que todos, incluyendo el gobierno, están sujetos a la ley.
- Garantía de que las leyes sean públicas, predecibles y aplicables por igual a todos.

7. Proceso Electoral

- Normas sobre la organización de elecciones periódicas, libres y transparentes.
- Derecho al voto para los ciudadanos.
- Supervisión independiente de los procesos electorales.

8. Formas de Participación Ciudadana

- Derecho a referendos e iniciativas populares.
- Derecho a la protesta y la participación en procesos políticos.

9. Autonomía y Descentralización

- Organización del poder local y regional.

- Relación entre el gobierno central y los gobiernos regionales o locales.

10. Protección de Minorías

- Garantía de derechos para grupos étnicos, religiosos, y culturales minoritarios.
- Igualdad de oportunidades y protección contra la discriminación.

11. Economía

- Principios sobre la organización económica del país.
- Derecho a la propiedad privada y normas sobre la expropiación.
- Regulación del comercio, la industria y los derechos laborales.

12. Educación, Salud y Seguridad Social

- Derecho a la educación, la salud y la seguridad social.
- Responsabilidad del Estado en garantizar servicios básicos.

13. Seguridad Nacional y Defensa

- Definición de las fuerzas armadas y sus funciones.
- Rol del Estado en la protección de la seguridad nacional.

14. Reforma Constitucional

- Procedimientos para enmendar o reformar la constitución.
- Normas sobre la participación del pueblo y las instituciones en este proceso.

15. Rendición de Cuentas y Transparencia

- Mecanismos de control del poder y la obligación de los funcionarios públicos de rendir cuentas.
- Lucha contra la corrupción.

16. Sistema de Justicia y Tribunal Constitucional

- Mecanismos de interpretación de la constitución.
- Funciones del tribunal constitucional o equivalente para garantizar su cumplimiento.

17. Derechos Laborales y Sociales

- Normas sobre el trabajo, el derecho a la huelga y las condiciones laborales.
- Protección a los trabajadores y garantía de igualdad de oportunidades.

18. Ambiente y Recursos Naturales

- Protección del medio ambiente y los recursos naturales.
- Normas para el desarrollo sostenible.

19. Derecho Internacional

- Relación de la constitución con los tratados y normas internacionales.
- Definición de los principios de la política exterior.

Subcapítulo 1:

Preambulo Propuesta de Constitución Cubana:

Nosotros, el pueblo cubano, en la búsqueda de una sociedad verdaderamente libre, justa, próspera y democrática, inspirados en los principios del liberalismo, el respeto por los derechos humanos, la soberanía popular, la transparencia y el rechazo absoluto a la corrupción, declaramos nuestra firme voluntad de fundar una nueva era de libertad y oportunidades para todos.

Reconociendo los sacrificios de generaciones pasadas, desde los aborígenes que lucharon hasta su extinción, pasando por los mambises que, con coraje y determinación, empuñaron el machete en busca de la independencia, y llegando a nuestros días, donde el pueblo ha resistido décadas de represión y censura bajo un sistema dictatorial; hacemos un llamado a una nueva conciencia colectiva que nos guíe hacia un futuro lleno de esperanza y prosperidad.

Comprometidos con los principios del liberalismo como camino hacia la creación de una nación donde el individuo sea el centro del poder, donde la libertad económica permita el florecimiento del talento y la creatividad, y donde la libre competencia estimule la innovación y el bienestar de todos.

Fieles a la democracia como forma de gobierno, donde la soberanía reside en el pueblo, garantizando el derecho a elegir a sus representantes en elecciones libres y justas, a participar en la vida política y a expresar sus opiniones sin temor a represalias, construimos un sistema que respeta la diversidad y promueve la participación ciudadana.

Conscientes del impacto destructivo de la corrupción, la identificamos como el principal enemigo del progreso y del bienestar de nuestra sociedad. Por ello, proclamamos que el combate contra la corrupción será un pilar fundamental en la construcción de nuestras instituciones, asegurando la transparencia y la rendición de cuentas como valores inquebrantables en todos los niveles de gobierno y sociedad.

Firmes en la protección de los derechos y libertades fundamentales, garantizamos a cada ciudadano cubano el derecho a la vida, la libertad de pensamiento, de expresión, de asociación y de religión, asegurando que ningún cubano volverá a ser silenciado o reprimido por sus ideas.

Proclamamos una nación en la que la justicia, la igualdad de oportunidades y el respeto por el estado de derecho sean los cimientos de una sociedad equitativa, donde cada cubano, sin importar su origen, género o creencia, pueda desarrollar su potencial en un ambiente de paz y prosperidad.

Con esta nueva Constitución, nos comprometemos a crear un futuro donde los principios del liberalismo, la democracia y la anticorrupción sirvan como faros que guíen a Cuba hacia una verdadera libertad, donde cada ciudadano pueda vivir con dignidad, en un país que refleje sus aspiraciones y le brinde las oportunidades necesarias para alcanzar sus sueños.

Por el bienestar de nuestro pueblo y el renacer de nuestra nación, adoptamos y promulgamos esta Constitución con la esperanza de que sea el comienzo de una Cuba libre, democrática y justa para las generaciones presentes y futuras.

Subcapítulo 2:

Derechos y Libertades Fundamentales

- Libertad de Expresión

Propuesta: La libertad de expresión es uno de los pilares esenciales de cualquier sociedad democrática y liberal. Garantiza el derecho de cada individuo a expresar sus opiniones, creencias e ideas, sin temor a represalias por parte del Estado o de cualquier otro poder. Bajo este principio, toda persona debe tener el derecho a criticar a su gobierno, a participar en debates públicos y a manifestar su disconformidad sin censura ni restricciones.

Aplicación y Ejemplo: Uno de los ejemplos más destacados en cuanto a libertad de expresión es Estados Unidos. La Primera Enmienda de su Constitución protege vigorosamente la libertad de expresión y es considerada uno de los pilares de su democracia. A lo largo de la historia, esta protección ha permitido que los ciudadanos y la prensa critiquen abiertamente al gobierno, lo cual fomenta un clima de constante vigilancia y control sobre el poder.

En Cuba, implementar la libertad de expresión bajo una nueva constitución basada en el liberalismo permitiría que las voces silenciadas durante décadas pudieran resurgir, empoderando al pueblo para que participe en la vida política y social del país. Esto aseguraría un espacio para el diálogo, el intercambio de ideas y el debate público, esenciales para la construcción de una sociedad plural y democrática.

- Libertad de Prensa

Propuesta: La libertad de prensa garantiza que los medios de comunicación puedan operar sin restricciones, permitiendo la difusión de información veraz, plural y objetiva. La independencia de los medios es crucial para la transparencia, la rendición de cuentas y el control sobre el poder.

Aplicación y Ejemplo: En Suecia, la Ley de Libertad de Prensa, que data de 1766, es la más antigua del mundo y protege el derecho de los medios a informar sin censura. El país es conocido por tener un sistema de medios muy libre, en el que el Estado no interfiere en el trabajo de los periodistas ni en la publicación de contenido crítico.

Un sistema similar en Cuba sería vital para el desarrollo de una democracia transparente. Una prensa libre e independiente permitiría que los ciudadanos estén informados de los asuntos públicos, fortaleciendo su capacidad para tomar decisiones fundamentadas en un entorno donde la corrupción no tiene lugar. La creación de una prensa investigativa y crítica ayudaría a exponer los abusos de poder y las prácticas corruptas.

- Derecho a la Vida

Propuesta: El derecho a la vida es fundamental y debe ser garantizado por cualquier constitución moderna. Este derecho implica que el Estado tiene la responsabilidad de proteger la vida de todos los ciudadanos, tanto de amenazas externas como internas. Además, abarca el deber de garantizar las condiciones para una vida digna, incluyendo acceso a salud, vivienda, y educación.

Aplicación y Ejemplo: Noruega ofrece un ejemplo ejemplar en cuanto a la protección del derecho a la vida. En este país, el acceso a servicios de salud de calidad, un sistema educativo inclusivo y políticas de bienestar social aseguran que todos los ciudadanos tengan la posibilidad de vivir con dignidad y bienestar. El derecho a la vida no se limita solo a la protección física, sino también a garantizar que todas las personas tengan las condiciones necesarias para desarrollarse plenamente.

Cuba, al adoptar este enfoque, puede garantizar que ningún ciudadano sea dejado atrás. Un Estado que priorice el bienestar de su población a través de políticas públicas sólidas en salud y seguridad garantizará el respeto por la vida y el desarrollo integral de su pueblo.

- Derecho a la Privacidad

Propuesta: El derecho a la privacidad es esencial en una sociedad liberal. Esto implica la protección de las comunicaciones personales, los datos y la intimidad de cada ciudadano frente a la intromisión estatal o privada. Un Estado liberal debe proteger la vida privada de los individuos, respetando su autonomía y asegurando que sus datos no sean utilizados sin su consentimiento.

Aplicación y Ejemplo: En la Unión Europea, el Reglamento General de Protección de Datos (GDPR) se ha convertido en un estándar global en cuanto a la protección de la privacidad. Esta ley protege los datos personales de los ciudadanos y garantiza que las empresas y los gobiernos respeten la privacidad de los individuos.

En un futuro sistema cubano, la protección de la privacidad sería crucial para garantizar que los ciudadanos vivan libres de la vigilancia estatal o de la manipulación de sus datos personales. Esto es especialmente relevante en un contexto donde la información privada ha sido históricamente utilizada para el control y la represión política.

- Libertad Religiosa

Propuesta: La libertad religiosa implica el derecho de cada individuo a practicar cualquier religión o ninguna. Un Estado que respeta la libertad religiosa garantiza que no haya imposición de una religión oficial ni discriminación por motivos religiosos. Además, este derecho asegura que las personas puedan reunirse y practicar sus creencias sin interferencias.

Aplicación y Ejemplo: En Canadá, la Carta de Derechos y Libertades protege explícitamente la libertad religiosa, garantizando que el gobierno no pueda interferir en las prácticas religiosas de sus ciudadanos. Canadá es un país que promueve la diversidad religiosa y garantiza la coexistencia pacífica de diversas creencias.

En un contexto cubano, la libertad religiosa permitiría a los ciudadanos practicar sus creencias libremente, algo que ha sido limitado bajo el régimen actual. Esto fortalecería la identidad y la diversidad cultural del país, promoviendo la tolerancia y el respeto entre las diferentes comunidades religiosas.

- Derecho de Reunión y Asociación

Propuesta: El derecho de reunión y asociación es crucial en una democracia. Este derecho garantiza que las personas puedan reunirse pacíficamente y formar organizaciones o partidos políticos sin interferencias del Estado. La libertad de asociación es fundamental para una sociedad pluralista y para la creación de un entorno político competitivo.

Aplicación y Ejemplo: Alemania es un claro ejemplo de un país que protege vigorosamente el derecho de reunión y asociación. La Ley de Asociaciones facilita la formación de organizaciones y partidos políticos, asegurando que todos los ciudadanos puedan participar activamente en la vida política y social del país.

En Cuba, la implementación de este derecho permitiría la creación de una sociedad civil más robusta y participativa. Las organizaciones independientes y los partidos políticos contribuirían a la diversidad de opiniones y enriquecerían el debate democrático.

- Derecho al Debido Proceso y a un Juicio Justo

Propuesta: El debido proceso y el derecho a un juicio justo son esenciales en cualquier sistema democrático. Estos derechos aseguran que todas las personas sean tratadas de manera equitativa ante la ley, que tengan acceso a una defensa adecuada y que sean juzgadas de forma imparcial. El Estado debe garantizar que nadie sea detenido arbitrariamente y que las leyes se apliquen de manera justa.

Aplicación y Ejemplo: En Sudáfrica, la constitución asegura que todos los ciudadanos tienen derecho a un juicio justo. Después del apartheid, Sudáfrica reformó su sistema judicial para asegurar que las leyes se aplicaran de manera igualitaria, sin importar la raza, origen étnico o situación económica del acusado.

Cuba, con un nuevo sistema de justicia, debe asegurar que el poder judicial sea independiente del poder ejecutivo y legislativo, garantizando que todos los ciudadanos tengan derecho a un juicio justo y a una defensa adecuada.

- Derecho a la Propiedad Privada

Propuesta: El derecho a la propiedad privada es un principio fundamental del liberalismo. Garantiza que los ciudadanos puedan poseer, utilizar y disponer de sus bienes de manera libre, sin temor a expropiaciones injustas por parte del Estado. La propiedad privada es crucial para fomentar la libertad económica y la creación de riqueza.

Aplicación y Ejemplo: En Suiza, el derecho a la propiedad privada está firmemente protegido. La propiedad es considerada sagrada, y el Estado no puede interferir injustificadamente en ella. Esto ha fomentado un entorno de confianza que ha permitido a Suiza desarrollarse como uno de los países más prósperos del mundo.

En el caso cubano, garantizar el derecho a la propiedad privada sería un paso crucial hacia la creación de un sistema económico dinámico y próspero. Esto incentivaría la inversión, el emprendimiento y el desarrollo económico, elementos necesarios para mejorar las condiciones de vida de la población.

Conclusión

Los derechos y libertades fundamentales que propone esta constitución basada en el liberalismo, la democracia y la anticorrupción son esenciales para crear una sociedad cubana libre y próspera. El establecimiento de estos derechos, como la libertad de expresión, la libertad de prensa, el derecho a la privacidad, entre otros, permitirá que Cuba deje atrás décadas de represión y estancamiento, y se encamine hacia un futuro donde los derechos individuales estén protegidos y donde todos los cubanos puedan vivir con dignidad, en un entorno de libertad y justicia.

Subcapítulo 3:

Estructura del Gobierno

1. Poder Ejecutivo: Funciones y Competencias del Presidente o Jefe de Estado

Propuesta: El poder ejecutivo es responsable de la administración y la implementación de las leyes, y en un sistema liberal y democrático, este poder debe estar limitado por leyes claras y por otros poderes independientes, como el legislativo y el judicial. El presidente, o jefe de estado, debe tener competencias específicas y limitadas, que incluyan la representación del país a nivel internacional, la implementación de políticas públicas aprobadas por el legislativo, y la protección de la seguridad nacional. Sin embargo, su autoridad debe estar sujeta a controles y equilibrios para evitar la concentración de poder.

Ejemplo de éxito: Estados Unidos En el sistema presidencialista de Estados Unidos, el presidente tiene la responsabilidad de ejecutar las leyes aprobadas por el Congreso, liderar la política exterior, y comandar las fuerzas armadas. Sin embargo, su poder está equilibrado por un Congreso bicameral (Cámara de Representantes y Senado) que aprueba leyes y controla el presupuesto, y por un poder judicial independiente que puede revisar la constitucionalidad de sus decisiones.

Cómo lo lograron: Estados Unidos desarrolló un sistema de "checks and balances" o controles y equilibrios que impide que el presidente acumule demasiado poder. El Congreso tiene la autoridad de destituir al presidente mediante un proceso de juicio político si se demuestra abuso de poder, lo que asegura que la presidencia no se convierta en una dictadura. Este sistema ha demostrado ser efectivo para evitar el autoritarismo y mantener una democracia sólida, a pesar de las crisis políticas.

Aplicación en Cuba: En una Cuba democrática, el presidente tendría que ser elegido por voto directo en elecciones libres y justas. Las competencias del presidente deberían incluir la implementación de políticas públicas, la representación diplomática, y la coordinación de las fuerzas de seguridad, pero su poder debería ser limitado por un Parlamento fuerte y por un poder judicial independiente. La existencia de controles estrictos, como la posibilidad de veto legislativo o la revisión judicial de decretos presidenciales, aseguraría que el ejecutivo no pudiera concentrar poder de manera indebida.

2. Poder Legislativo: Estructura y Funciones del Parlamento o Congreso

Propuesta: El poder legislativo es esencial para la creación de leyes y para la supervisión del ejecutivo. En un sistema liberal y democrático, el parlamento debe representar la voluntad del pueblo y estar compuesto por representantes elegidos democráticamente. Un parlamento debe ser un foro de debate y deliberación donde se discuten y aprueban leyes, se fiscalizan las acciones del ejecutivo, y se representan los intereses de todas las regiones y sectores de la sociedad.

Opciones de estructura: Bicameral o Unicameral

- Bicameral: Un parlamento con dos cámaras (alta y baja) es común en países que desean asegurar una representación más equilibrada entre diferentes regiones o estamentos de la sociedad. Un ejemplo es el Reino Unido, con su Cámara de los

Comunes y la Cámara de los Lores, o el sistema de Estados Unidos con la Cámara de Representantes y el Senado.

- Unicameral: Un parlamento de una sola cámara es más simple y directo, y se ha demostrado eficiente en muchos países. Un ejemplo es Noruega, donde el parlamento unicameral (Storting) ha funcionado eficazmente en un sistema democrático consolidado.

Ejemplo de éxito: Alemania El sistema bicameral de Alemania es un excelente ejemplo de un poder legislativo eficiente. Alemania tiene un Bundestag (cámara baja), cuyos miembros son elegidos por el pueblo, y un Bundesrat (cámara alta), que representa a los estados federados. Este sistema asegura que tanto la voluntad popular como los intereses regionales sean considerados en la toma de decisiones. Además, el Bundestag tiene poderes importantes, como el de aprobar el presupuesto nacional y ratificar tratados internacionales, mientras que el Bundesrat actúa como una cámara de revisión y control.

Cómo lo lograron: Alemania logró establecer un parlamento bicameral equilibrado mediante su constitución post Segunda Guerra Mundial, la Ley Fundamental de 1949, que garantiza la independencia del legislativo y crea un sistema de representación federal. Este sistema ha contribuido a la estabilidad política y al desarrollo de políticas públicas inclusivas y balanceadas.

Aplicación en Cuba: Para Cuba, se podría implementar un sistema unicameral, que sea lo suficientemente robusto para representar a todas las provincias y sectores de la sociedad cubana. El Parlamento cubano debe ser elegido por sufragio universal y debe tener la capacidad de aprobar leyes, revisar el presupuesto nacional, y supervisar al presidente. Los mecanismos de representación proporcional garantizarían que todas las voces, incluidas las minorías, estén representadas en el Parlamento.

3. Poder Judicial: Organización de los Tribunales y el Sistema de Justicia

Propuesta: El poder judicial debe ser completamente independiente y encargado de interpretar las leyes y asegurar que se cumplan conforme a la constitución. En un sistema liberal y democrático, el poder judicial tiene la responsabilidad de proteger los derechos individuales y garantizar que el gobierno actúe dentro de los límites de la ley. Para prevenir la corrupción y el abuso de poder, los jueces deben ser imparciales y estar protegidos de interferencias políticas.

Ejemplo de éxito: Reino Unido El sistema judicial del Reino Unido es un modelo de independencia judicial y eficacia en la protección de los derechos individuales. Los jueces son nombrados con base en su experiencia y mérito, y disfrutan de una independencia sólida del poder ejecutivo y legislativo. El Tribunal Supremo del Reino Unido es la máxima autoridad judicial y tiene la capacidad de revisar la legalidad de las decisiones del gobierno, lo que asegura que el poder ejecutivo respete los derechos de los ciudadanos y las leyes establecidas.

Cómo lo lograron: El sistema judicial británico se ha fortalecido a lo largo de los siglos, basándose en el concepto del "rule of law" o estado de derecho, que exige que todos, incluidos los gobernantes, están sujetos a la ley. La independencia judicial ha sido clave en la capacidad de este sistema para mantener una justicia imparcial y en la confianza del público en las instituciones.

Aplicación en Cuba: El nuevo sistema judicial cubano debería ser completamente independiente del poder ejecutivo y legislativo. Los jueces deberían ser seleccionados mediante un sistema meritocrático, y no a través de nombramientos políticos. Además, la creación de un Tribunal Constitucional garantizaría que las leyes y acciones del gobierno estén siempre sujetas a revisión constitucional. Este poder judicial debe ser accesible a todos los ciudadanos cubanos, garantizando el derecho al debido proceso y a un juicio justo.

Conclusión

Una estructura de gobierno basada en los principios de liberalismo, democracia y anticorrupción debe garantizar una estricta separación de poderes entre el ejecutivo, el legislativo y el judicial. Cada uno de estos poderes debe ser independiente y contar con mecanismos de control que impidan la concentración del poder. Un presidente o jefe de estado con poderes limitados y controlado por un parlamento democrático y un poder judicial independiente es fundamental para proteger las libertades individuales, garantizar la transparencia y evitar la corrupción.

Cuba, con una nueva constitución moderna, puede implementar este tipo de sistema estructural para construir un país más justo, próspero y libre, en el que los derechos fundamentales sean protegidos y donde el poder se ejerza de manera equilibrada y respetuosa con la ley.

Separación de Poderes: Principios de Independencia y Equilibrio entre los Poderes Ejecutivo, Legislativo y Judicial

La separación de poderes es un principio fundamental en cualquier constitución que aspire a garantizar la libertad individual, evitar el abuso de poder, y asegurar la correcta administración del Estado. Este principio establece que el poder del Estado se divide en tres ramas principales: el poder ejecutivo, el poder legislativo, y el poder judicial. Cada una de estas ramas tiene funciones distintas y debe operar de manera independiente, pero a la vez debe ser capaz de controlar y equilibrar las acciones de las otras ramas para evitar el abuso de poder y asegurar el buen funcionamiento del gobierno.

Este principio está profundamente arraigado en las democracias modernas basadas en el liberalismo y la anticorrupción, donde la transparencia y la responsabilidad son pilares esenciales. El equilibrio de poderes asegura que ningún poder acumule demasiado control y que exista un sistema de controles y contrapesos (checks and balances) para garantizar la rendición de cuentas. Veamos en detalle cómo funcionan estos principios y cómo se han implementado con éxito en países que sirven como modelo para un futuro democrático y liberal en Cuba.

1. Poder Ejecutivo: Independencia y Control

El poder ejecutivo, generalmente encabezado por el presidente o jefe de gobierno, es responsable de administrar el país, implementar leyes y dirigir la política exterior y de defensa. Sin embargo, para evitar que este poder se convierta en autoritario o abusivo, debe ser controlado tanto por el legislativo como por el judicial. El presidente debe responder ante el parlamento y estar sujeto a las decisiones de los tribunales en caso de que sus acciones violen la constitución o las leyes.

Ejemplo de éxito: Estados Unidos

En Estados Unidos, el presidente tiene el poder de dirigir el gobierno y la política exterior, pero sus decisiones están limitadas por el Congreso (poder legislativo) y el Tribunal Supremo (poder judicial). El presidente no puede legislar ni crear leyes, y cualquier ley que promueva debe ser aprobada por el Congreso. Además, el Congreso tiene la potestad de destituir al presidente mediante un proceso de juicio político si este abusa de su poder o comete actos ilegales. El Tribunal Supremo puede declarar inconstitucionales las acciones o decretos del presidente si violan los derechos establecidos en la constitución.

Cómo lo lograron: El sistema de Estados Unidos se basa en el concepto de "checks and balances", que fue diseñado por los Padres Fundadores para prevenir la concentración de poder. Este sistema ha sido capaz de mantener el equilibrio entre los poderes a lo largo de los siglos, resistiendo incluso momentos de crisis política. La independencia judicial y la capacidad del legislativo para supervisar al ejecutivo han sido clave para mantener la estabilidad y el respeto a la constitución.

Aplicación en Cuba: En una Cuba democrática basada en el liberalismo, el poder ejecutivo debe estar limitado por un parlamento fuerte y un sistema judicial independiente. El presidente cubano debería tener poderes específicos para dirigir el país y representar a Cuba a nivel internacional, pero siempre bajo la supervisión del parlamento. Un sistema de juicio político (impeachment) debería estar disponible para que el legislativo pueda destituir al presidente si este abusa de su poder. Además, cualquier decreto presidencial debe estar sujeto a revisión por los tribunales para asegurar su constitucionalidad.

2. Poder Legislativo: Representación y Supervisión

El poder legislativo tiene la función de crear, debatir y aprobar leyes. En una democracia liberal, el legislativo debe estar compuesto por representantes elegidos por el pueblo, y debe ser responsable no solo de legislar, sino también de controlar y supervisar al ejecutivo. El poder legislativo tiene la potestad de aprobar o rechazar las propuestas del presidente, revisar los presupuestos nacionales y asegurar que las políticas del gobierno reflejen la voluntad popular.

Ejemplo de éxito: Reino Unido

En el Reino Unido, el parlamento es el centro del poder político y está compuesto por dos cámaras: la Cámara de los Comunes (elegida por voto popular) y la Cámara de los Lores. Aunque el primer ministro dirige el gobierno, sus decisiones están sujetas a la aprobación del parlamento. El parlamento puede rechazar las políticas del ejecutivo e incluso forzar la renuncia del primer ministro si se pierde la confianza de la mayoría. Esto asegura que el ejecutivo sea directamente responsable ante los representantes del pueblo y no pueda actuar sin restricciones.

Cómo lo lograron: El sistema parlamentario británico se ha desarrollado a lo largo de siglos, y su éxito radica en la flexibilidad y en la capacidad del parlamento para adaptarse a los cambios políticos y sociales. El sistema de "voto de confianza" en el parlamento permite que los legisladores evalúen continuamente el desempeño del ejecutivo, lo que reduce el riesgo de abuso de poder y corrupción.

Aplicación en Cuba: En Cuba, un parlamento fuerte, que represente a todas las regiones y sectores sociales, debería ser la columna vertebral del sistema democrático. El parlamento tendría la potestad de aprobar o rechazar leyes, supervisar al presidente y garantizar la rendición de cuentas del ejecutivo. Este poder legislativo debe ser elegido democráticamente por el pueblo cubano en elecciones libres y transparentes, y debe estar compuesto por representantes con diversos puntos de vista y orientaciones políticas para reflejar adecuadamente la voluntad popular.

3. Poder Judicial: Justicia Independiente

El poder judicial tiene la responsabilidad de interpretar las leyes, proteger los derechos constitucionales y asegurar que el ejecutivo y el legislativo respeten la constitución. En un sistema basado en el liberalismo y la anticorrupción, la independencia judicial es esencial para asegurar que el gobierno actúe dentro de los límites de la ley y que los ciudadanos tengan acceso a un juicio justo y equitativo.

Ejemplo de éxito: Alemania

El sistema judicial de Alemania es un excelente ejemplo de cómo se puede garantizar la independencia de los tribunales. El Tribunal Constitucional Federal tiene el poder de revisar cualquier ley o acción del gobierno para asegurarse de que sea compatible con la constitución alemana. Los jueces del Tribunal Constitucional son nombrados de manera independiente y tienen un mandato claro para proteger los derechos fundamentales de los ciudadanos y asegurar que el gobierno opere dentro de los límites de la ley.

Cómo lo lograron: Alemania, tras la Segunda Guerra Mundial, adoptó una constitución que establece una clara separación de poderes y garantiza la independencia judicial. Este sistema ha sido clave para mantener la democracia en Alemania, al impedir que el poder ejecutivo acumule demasiado poder y al proteger los derechos de los ciudadanos frente a posibles abusos.

Aplicación en Cuba: En una Cuba democrática, el poder judicial debe estar completamente separado del ejecutivo y legislativo. Los jueces deben ser nombrados por mérito y no por afiliación política, y deben tener la potestad de revisar y anular leyes o decretos que violen la constitución. Un Tribunal Constitucional en Cuba garantizaría que los derechos fundamentales de los ciudadanos estén protegidos y que ningún poder del Estado pueda actuar fuera de los límites establecidos por la ley.

Control y Equilibrio entre los Poderes

El control y equilibrio (checks and balances) entre los poderes es un mecanismo clave para asegurar que ninguna rama del gobierno acumule demasiado poder. Cada poder debe tener la capacidad de limitar o supervisar las acciones de los otros, y los ciudadanos deben tener mecanismos para denunciar y corregir posibles abusos.

Ejemplo de éxito: Francia

En Francia, el sistema de gobierno semipresidencialista equilibra el poder entre el presidente, el primer ministro y el parlamento. El presidente tiene poderes amplios en política exterior y defensa, pero las leyes deben ser aprobadas por el parlamento. Además, el Consejo Constitucional revisa las leyes para asegurarse de que sean constitucionales. Este sistema ha permitido a Francia mantener una democracia estable y proteger los derechos de los ciudadanos, al tiempo que permite un ejecutivo fuerte.

Cómo lo lograron: El sistema francés es un ejemplo de cómo se puede combinar un ejecutivo fuerte con un poder legislativo y judicial capaces de limitar sus acciones. Este equilibrio ha sido clave para evitar el abuso de poder y para asegurar que las políticas reflejen los intereses de todos los sectores de la sociedad.

Aplicación en Cuba: Cuba podría adoptar un sistema similar, en el que el presidente tenga competencias en áreas específicas como la defensa y las relaciones exteriores, pero donde las leyes y políticas públicas sean aprobadas y controladas por un parlamento fuerte. Además, un Tribunal Constitucional independiente sería esencial para asegurar que las leyes sean justas y respeten los derechos fundamentales.

Conclusión

La separación de poderes es el pilar de un sistema democrático fuerte y efectivo. La independencia de las tres ramas del gobierno (ejecutivo, legislativo y judicial) es esencial para garantizar la protección de los derechos individuales, evitar el abuso de poder y asegurar que el gobierno opere dentro de los límites de la ley. Ejemplos de éxito como Estados Unidos, Reino Unido, Alemania y Francia demuestran cómo un sistema de controles y contrapesos puede ser efectivo para mantener la estabilidad política, promover la transparencia y proteger los derechos de los ciudadanos.

Para Cuba, la adopción de estos principios en su constitución futura sería esencial para construir una nación libre, justa y democrática. A través de la implementación de un sistema de gobierno con independencia de poderes, controles efectivos y la promoción de la transparencia, Cuba puede asegurar un futuro donde el poder esté equilibrado y donde la corrupción y el autoritaria sean erradicadas.

Subcapítulo 5:

Soberanía Popular: Un Pilar Fundamental de la Constitución

El principio de Soberanía Popular establece que el poder político legítimo emana directamente del pueblo, y que es a través de elecciones libres y justas que los ciudadanos ejercen su derecho a decidir quién los representará y cómo será gobernada su nación. Este concepto es central en cualquier sistema democrático que valore la participación de los ciudadanos y la rendición de cuentas de sus gobernantes.

En una nueva constitución para Cuba basada en los principios de Liberalismo, Democracia y Anticorrupción, la soberanía popular debe ser el cimiento sobre el cual se erija todo el sistema de gobierno. A continuación, exploraremos los aspectos claves que conforman la soberanía popular y cómo otros países han implementado exitosamente este principio, logrando consolidar democracias estables y justas.

1. Elecciones Libres y Justas: Garantía de la Voluntad Popular

Uno de los mecanismos más importantes para que la soberanía popular se ejerza es la realización de elecciones libres y justas, donde los ciudadanos puedan elegir a sus representantes sin coacción, manipulación ni restricciones. Para que este principio funcione efectivamente, se requiere una estructura electoral sólida, regulada y transparente.

Ejemplo de éxito: Noruega

Noruega es un ejemplo de cómo un sistema electoral abierto, transparente y justo fortalece la democracia. En este país escandinavo, las elecciones son supervisadas por un organismo independiente, y los ciudadanos eligen a sus representantes a través de un sistema proporcional que asegura que todos los sectores de la sociedad tengan voz en el parlamento. Además, el acceso a la información y la educación cívica están altamente protegidos, lo que garantiza que los ciudadanos tomen decisiones informadas.

Aplicación en Cuba: En un futuro sistema cubano, se podría implementar un sistema electoral supervisado por una Comisión Electoral Independiente, cuya función sea garantizar la transparencia y la imparcialidad en cada etapa del proceso electoral. Para evitar fraudes y asegurar la participación ciudadana activa, se debe establecer la posibilidad de observadores internacionales y un acceso completo a la información pública.

2. Participación Ciudadana Activa: La Voz de Todos los Cubanos

Para que la soberanía popular sea efectiva, no basta con elecciones periódicas; es necesario que los ciudadanos participen activamente en la vida política de su país de manera regular. La participación ciudadana va más allá del voto; también incluye el derecho a formar parte de procesos de consulta, referendos, y la posibilidad de participar en la creación de leyes y políticas públicas.

Ejemplo de éxito: Suiza

Suiza es conocida por su democracia directa, en la que los ciudadanos no solo eligen a sus representantes, sino que también tienen el derecho a votar en referendos sobre una amplia gama de temas, desde leyes hasta modificaciones constitucionales. Esto garantiza que los ciudadanos tengan una participación directa en las decisiones más importantes de su país.

Aplicación en Cuba: La implementación de mecanismos de democracia directa en Cuba permitiría a los ciudadanos tener una voz activa en temas clave. Por ejemplo, se podrían organizar referendos sobre decisiones importantes, como reformas económicas o cambios constitucionales, para que el pueblo sea el que valide los grandes cambios. Además, se podrían crear plataformas digitales seguras que permitan a los ciudadanos participar en consultas públicas, haciendo uso de la tecnología para fortalecer la transparencia y la participación.

3. Transparencia y Educación Cívica: Claves para una Soberanía Informada

El principio de soberanía popular también requiere que los ciudadanos estén informados de manera objetiva y clara sobre las decisiones y acciones de su gobierno. La transparencia en las instituciones y la educación cívica son esenciales para que los votantes comprendan el impacto de sus decisiones y cómo funcionan las instituciones democráticas. Un pueblo desinformado es más vulnerable a la manipulación y la corrupción.

Ejemplo de éxito: Finlandia

En Finlandia, la transparencia gubernamental y la educación cívica son pilares fundamentales de la democracia. Todos los ciudadanos tienen acceso a información clara y accesible sobre las acciones del gobierno, y el sistema educativo finlandés incluye una formación robusta en civismo y participación democrática desde la escuela primaria. Este enfoque ha creado una cultura política en la que los ciudadanos entienden claramente sus derechos y deberes, participando activamente en la vida pública.

Aplicación en Cuba: Para implementar estos principios en Cuba, se podría establecer una serie de políticas que garanticen que toda la información gubernamental esté disponible públicamente y en formatos accesibles. Además, se debería crear un programa nacional de educación cívica que enseñe a los ciudadanos sobre sus derechos, deberes y las herramientas a su disposición para participar activamente en la vida política del país.

4. Protección de los Derechos Civiles y Políticos

La soberanía popular no puede ejercerse en un ambiente de represión. Por lo tanto, es imprescindible que en una Cuba democrática se protejan los derechos civiles y políticos de todos los ciudadanos. Esto incluye el derecho a la libertad de expresión, libertad de prensa, y el derecho de asociación y reunión.

Ejemplo de éxito: Estados Unidos

En los Estados Unidos, la Primera Enmienda de la Constitución garantiza las libertades de expresión, prensa, religión y reunión. Aunque el sistema no es perfecto, estos derechos permiten a los ciudadanos expresar sus opiniones, criticar al gobierno y organizarse para influir en el sistema político, lo que refuerza la soberanía popular.

Aplicación en Cuba: En la futura constitución cubana, estos derechos deben estar plenamente protegidos para que los ciudadanos puedan organizarse y expresarse sin temor a represalias. Las organizaciones políticas, los medios de comunicación y las asociaciones civiles deben ser libres para operar sin interferencia del gobierno, creando un ambiente propicio para la discusión política abierta y el activismo ciudadano.

5. Rendición de Cuentas: El Gobierno al Servicio del Pueblo

La soberanía popular solo se puede ejercer correctamente cuando los gobernantes rinden cuentas ante el pueblo. Esto implica que las autoridades electas deben responder ante los ciudadanos por sus decisiones y políticas, y que existan mecanismos para remover a aquellos funcionarios que abusen de su poder o incumplan con sus responsabilidades.

Ejemplo de éxito: Nueva Zelanda

Nueva Zelanda es conocida por su sistema de rendición de cuentas, donde los representantes del gobierno están sujetos a un control riguroso por parte de los ciudadanos y de organismos independientes. Además, el acceso a la información pública está altamente protegido, y cualquier ciudadano puede solicitar informes sobre las actividades gubernamentales.

Aplicación en Cuba: En Cuba, la implementación de sistemas de rendición de cuentas debería incluir auditorías públicas regulares de las finanzas del gobierno, mecanismos de revocación de mandato para funcionarios corruptos o ineficaces, y un sistema judicial independiente que pueda procesar casos de corrupción o abuso de poder.

Conclusión: El Poder del Pueblo como Pilar Fundamental

El principio de soberanía popular garantiza que el poder en una Cuba democrática resida siempre en las manos del pueblo, no en un partido ni en una élite política. Este principio debe estar claramente plasmado en la nueva constitución cubana, proporcionando las herramientas necesarias para que los ciudadanos puedan elegir libremente a sus representantes, participar activamente en la vida pública, y exigir responsabilidad a quienes detentan el poder.

Un sistema basado en elecciones libres y justas, con mecanismos claros para la rendición de cuentas, transparencia en la gestión pública y protección de derechos fundamentales, puede llevar a Cuba hacia un futuro donde los ciudadanos sean verdaderos protagonistas en la construcción de su propio destino. Aprendiendo de ejemplos como Noruega, Suiza, Finlandia, Estados Unidos y Nueva Zelanda, Cuba puede diseñar un sistema donde la soberanía popular sea el motor de una democracia sólida, justa y libre de corrupción.

Subcapítulo 6:

Estado de Derecho: Fundamento de la Justicia y la Igualdad

El Estado de Derecho es un principio fundamental en cualquier sistema democrático que asegura que todos los ciudadanos, incluidos los gobernantes, están sujetos a las mismas leyes. Este concepto garantiza que las leyes sean públicas, predecibles, justas, y aplicables de manera igualitaria a todas las personas, sin importar su estatus, poder o influencia. En un sistema que se basa en Liberalismo, Democracia y Anticorrupción, el Estado de Derecho es la piedra angular que protege las libertades individuales y asegura que el gobierno sea responsable ante sus ciudadanos.

Al implementar este principio en una futura constitución cubana, se deben destacar varios aspectos clave que aseguran la correcta implementación del Estado de Derecho, así como ejemplos exitosos de países que han aplicado este principio para garantizar un sistema justo y equitativo. A continuación, desarrollaremos cada uno de estos puntos en detalle.

1. El Gobierno y los Ciudadanos Bajo la Ley: Igualdad Ante la Ley

El primer pilar del Estado de Derecho es que todas las personas, incluido el gobierno, están sujetos a la ley. Esto significa que ninguna persona o institución está por encima de la ley, y cualquier acto de corrupción, abuso de poder o ilegalidad debe ser procesado y sancionado de manera justa e imparcial.

Ejemplo de éxito: Reino Unido

El Reino Unido es un ejemplo emblemático del respeto al Estado de Derecho. En este país, el sistema judicial y la estructura legal son reconocidos por su independencia y por aplicar las leyes de manera imparcial. Incluso el gobierno y la monarquía están sujetos a las decisiones de los tribunales. Un ejemplo de la aplicación efectiva del Estado de Derecho es el caso de las múltiples investigaciones independientes sobre las acciones del gobierno, que muestran cómo los líderes políticos son responsables de sus actos y deben rendir cuentas ante el Parlamento y los tribunales.

Aplicación en Cuba: Para que el Estado de Derecho funcione en Cuba, es esencial establecer un sistema judicial independiente que no esté subordinado a intereses políticos o económicos. Esto requiere una clara separación entre los poderes judicial, ejecutivo y legislativo, de modo que el sistema de justicia pueda actuar como un órgano imparcial y autónomo. Además, se deben crear leyes que castiguen severamente cualquier intento de violar el principio de igualdad ante la ley, para garantizar que todos los ciudadanos, incluidos los gobernantes, sean juzgados bajo las mismas reglas.

2. Leyes Públicas, Predecibles y Justas: Transparencia y Claridad Jurídica

Otro aspecto esencial del Estado de Derecho es que las leyes deben ser públicas, claras, predecibles y justas. Los ciudadanos deben tener acceso a las leyes para poder conocerlas y cumplirlas. Además, las leyes deben ser estables en el tiempo, predecibles en su aplicación y redactadas de manera que no puedan ser interpretadas arbitrariamente.

Ejemplo de éxito: Alemania

Alemania es un modelo en cuanto a la claridad y previsibilidad de sus leyes. Las leyes alemanas son accesibles para todos los ciudadanos y se publican de manera transparente. El país también cuenta con un sistema judicial altamente eficiente y un Tribunal Constitucional que supervisa que las leyes no vulneren los derechos fundamentales. Esta previsibilidad en la aplicación de las leyes ha permitido que Alemania disfrute de una alta confianza en su sistema legal, que es considerado uno de los más justos y eficientes del mundo.

Aplicación en Cuba: En una Cuba futura, es crucial garantizar que todas las leyes sean públicas y accesibles para todos los ciudadanos, independientemente de su nivel educativo o situación económica. Esto podría lograrse a través de portales digitales, campañas educativas y publicaciones periódicas que expliquen las leyes de manera clara y comprensible. La constitución debe asegurar que las leyes sean predecibles, y cualquier cambio o reforma debe hacerse a través de procesos democráticos abiertos y transparentes, evitando interpretaciones arbitrarias que favorezcan a sectores del poder.

3. Protección de los Derechos Fundamentales: Justicia y Equidad

Un Estado de Derecho auténtico protege los derechos y libertades fundamentales de los ciudadanos. Esto implica que las leyes no deben ser contrarias a los derechos humanos y que los ciudadanos tienen garantizado el acceso a la justicia en caso de que sus derechos sean vulnerados. El derecho a un juicio justo y a la presunción de inocencia son pilares fundamentales en un sistema que respeta el Estado de Derecho.

Ejemplo de éxito: Canadá

Canadá es un ejemplo de cómo un país ha implementado con éxito la protección de los derechos fundamentales bajo el Estado de Derecho. Su Carta Canadiense de Derechos y Libertades asegura que todas las leyes respeten los derechos humanos fundamentales, como la libertad de expresión, la igualdad ante la ley y el derecho a un juicio justo.

Además, los ciudadanos canadienses tienen acceso a un sistema judicial independiente y sólido, que garantiza la protección de estos derechos.

Aplicación en Cuba: Para asegurar que el Estado de Derecho proteja los derechos de los ciudadanos en Cuba, es esencial crear un marco legal sólido que incluya un conjunto claro de derechos fundamentales protegidos constitucionalmente. Estos derechos deben incluir la libertad de expresión, la igualdad ante la ley, el derecho a la propiedad, y el derecho a un juicio justo. Los tribunales cubanos deben ser capaces de proteger a los ciudadanos contra cualquier forma de abuso de poder o violación de estos derechos.

4. Aplicabilidad Universal de la Ley: Justicia Igualitaria

El Estado de Derecho requiere que las leyes sean aplicables por igual a todos los ciudadanos, sin importar su posición política, económica o social. La ley debe ser ciega a los privilegios y aplicar justicia de manera imparcial, castigando a los infractores y protegiendo a las víctimas sin distinción.

Ejemplo de éxito: Dinamarca

Dinamarca es considerada uno de los países más igualitarios en la aplicación de la ley. El sistema legal danés garantiza que nadie esté por encima de la ley, y las instituciones encargadas de hacer cumplir las leyes son altamente respetadas por su imparcialidad y eficacia. La corrupción es mínima, y cualquier intento de abuso de poder es rápidamente investigado y sancionado.

Aplicación en Cuba: Para garantizar una justicia igualitaria en Cuba, es crucial establecer mecanismos de fiscalización y control que aseguren que la ley se aplique de manera imparcial. Las instituciones encargadas de hacer cumplir las leyes deben ser independientes, y se deben crear organismos de supervisión que monitoreen constantemente a los actores políticos y económicos para evitar abusos. Además, se debe promover una cultura de integridad en el sistema judicial, asegurando que los jueces y funcionarios públicos actúen con ética y transparencia.

5. Independencia Judicial: Protección contra la Interferencia Política

El principio de independencia judicial es fundamental para que el Estado de Derecho funcione correctamente. El sistema judicial debe estar completamente separado de los otros poderes del Estado, especialmente del ejecutivo, para garantizar que los jueces puedan tomar decisiones sin ser influenciados por intereses políticos o económicos.

Ejemplo de éxito: Estados Unidos

En los Estados Unidos, la independencia judicial es uno de los principios más sagrados del sistema democrático. La Corte Suprema y otros tribunales federales funcionan de manera independiente, y los jueces federales tienen nombramientos vitalicios, lo que les protege de presiones políticas. Aunque el sistema tiene sus defectos, ha sido un ejemplo de cómo la independencia judicial puede proteger los derechos y garantizar que las leyes sean aplicadas de manera justa.

Aplicación en Cuba: Para que el Estado de Derecho funcione adecuadamente en Cuba, es fundamental que el sistema judicial sea independiente y que los jueces sean nombrados de manera transparente y no puedan ser removidos arbitrariamente por razones políticas. Además, los jueces deben estar capacitados para tomar decisiones basadas en la Constitución y las leyes, sin interferencias de ningún otro poder del Estado.

6. Mecanismos para la Rendición de Cuentas: Control sobre el Poder

El Estado de Derecho debe contar con mecanismos que aseguren la rendición de cuentas de todos los funcionarios públicos, incluyendo al presidente, los ministros, los jueces y los legisladores. La existencia de organismos de control, como tribunales de cuentas, comisiones de transparencia y auditorías públicas, son esenciales para monitorear el cumplimiento de las leyes.

Ejemplo de éxito: Nueva Zelanda

Nueva Zelanda es reconocida internacionalmente por su transparencia y rendición de cuentas. El país cuenta con mecanismos sólidos de auditoría pública, y los funcionarios gubernamentales están sujetos a controles estrictos que garantizan que sus acciones sean fiscalizadas. Además, el sistema de gobierno es altamente accesible para los ciudadanos, quienes pueden obtener información sobre las decisiones del gobierno con facilidad.

Aplicación en Cuba: En una futura constitución cubana, deben existir mecanismos robustos para la rendición de cuentas. Esto podría incluir un Tribunal de Cuentas Independiente, que audite las finanzas públicas y asegure que los fondos del Estado se utilicen de manera correcta y transparente. Además, se deben crear comisiones de ética que investiguen y sancionen a los funcionarios corruptos o negligentes.

Conclusión: El Estado de Derecho como Garantía de una Cuba Justa

El Estado de Derecho es el cimiento del bienestar y la justicia en cualquier sociedad que aspire a ser libre, democrática y próspera. En una futura Cuba basada en los principios del Liberalismo, la Democracia y la Anticorrupción, el Estado de Derecho debe ser la base que garantice la igualdad, la transparencia y la protección de los derechos de todos sus ciudadanos. A través de la independencia judicial, la aplicación igualitaria de la ley, y mecanismos de rendición de cuentas, se podrá construir un sistema en el que el poder no esté concentrado en manos de unos pocos, sino que sea controlado y limitado por las propias leyes que representan la voluntad del pueblo.

El camino hacia la instauración de un verdadero Estado de Derecho en Cuba requiere una reforma constitucional profunda, que establezca las garantías necesarias para que el sistema judicial sea independiente, las leyes sean claras y justas, y todos los ciudadanos, sin importar su posición, estén sometidos a las mismas normas. Solo de esta manera se podrá superar la era de arbitrariedades, abusos y desigualdades, construyendo una nación donde la justicia, la igualdad y la libertad sean los pilares fundamentales.

Preguntas para la Reflexión del Lector:

1. ¿Cómo cambiaría la vida de los cubanos si todos, incluido el gobierno, estuvieran verdaderamente sujetos a las mismas leyes?
2. ¿Qué mecanismos crees que son fundamentales para garantizar que el poder no se concentre y que las leyes se apliquen por igual a todos?
3. ¿Cuáles son los desafíos más grandes para implementar un sistema judicial independiente en Cuba?
4. ¿Cómo puede el principio de igualdad ante la ley ayudar a combatir la corrupción y los abusos de poder en un futuro gobierno cubano?
5. ¿Qué tan importante crees que es la transparencia gubernamental para generar confianza en las instituciones públicas?

Subcapítulo 7:

El Proceso Electoral es uno de los pilares más fundamentales en cualquier sistema democrático, ya que permite a los ciudadanos participar activamente en la selección de sus líderes y en la formación de políticas que afectarán sus vidas. En una futura Cuba, donde los principios del Liberalismo, la Democracia y la Anticorrupción guíen el desarrollo político, es crucial que las elecciones sean periódicas, libres, transparentes y supervisadas independientemente, asegurando que reflejen la verdadera voluntad del pueblo.

1. Normas sobre la organización de elecciones periódicas, libres y transparentes

La periodicidad de las elecciones garantiza que el poder no se perpetúe en manos de unos pocos. Las elecciones deben ser convocadas regularmente, respetando intervalos definidos en la Constitución, para asegurar una renovación constante del poder y la participación continua del pueblo. En este sentido, las elecciones libres y transparentes son esenciales para evitar la manipulación, el fraude electoral y la opresión política.

- Ejemplo Internacional: Sudáfrica Tras el fin del apartheid, Sudáfrica implementó un sistema de elecciones periódicas, transparentes y libres, con el apoyo de instituciones independientes. La Comisión Electoral Independiente (IEC) fue creada para organizar y supervisar las elecciones. Este organismo fue fundamental para garantizar la credibilidad de las elecciones y la transición hacia una democracia plena, con normas claras y transparencia en todas las fases del proceso.

- Aplicación en Cuba: Para garantizar un proceso electoral justo y transparente, Cuba debe adoptar un marco electoral moderno que asegure elecciones periódicas y libres, gestionadas por una comisión electoral independiente que no esté controlada por el gobierno en funciones. Este organismo debe contar con autonomía financiera y administrativa para evitar cualquier tipo de influencia indebida.

2. Derecho al voto para los ciudadanos

El derecho al voto es un derecho universal y fundamental que debe estar garantizado para todos los ciudadanos de Cuba, sin restricciones basadas en origen, género, religión o afiliación política. El voto debe ser secreto y voluntario, para que los ciudadanos puedan expresar sus preferencias políticas sin miedo a represalias.

- Ejemplo Internacional: Alemania En Alemania, el derecho al voto es considerado un elemento esencial de la democracia. Se han establecido normas que garantizan la igualdad de voto para todos los ciudadanos, y el proceso de votación se lleva a cabo de forma secreta y segura. Además, el sistema electoral alemán, basado en la representación proporcional, asegura que todas las voces políticas, incluso las de minorías, tengan representación en el parlamento.

- Aplicación en Cuba: El sistema electoral cubano debe garantizar el derecho al voto de todos los ciudadanos, tanto dentro como fuera de la isla, permitiendo que los cubanos en el extranjero puedan votar. Esto puede hacerse implementando sistemas de voto por correo o voto electrónico, con mecanismos de seguridad para evitar fraudes. También es importante promover la educación cívica, para que los ciudadanos comprendan el valor y la importancia de su voto en la construcción de una democracia funcional.

-

3. Supervisión independiente de los procesos electorales

La supervisión independiente es crucial para asegurar que las elecciones sean transparentes y que el resultado refleje la voluntad del pueblo. La creación de un organismo electoral autónomo que vigile todas las etapas del proceso es fundamental para garantizar la legitimidad del resultado electoral. Este organismo debe estar libre de cualquier control gubernamental o partidista, y debe estar compuesto por expertos imparciales, designados de manera transparente.

- Ejemplo Internacional: México ha implementado con éxito el Instituto Nacional Electoral (INE), un órgano autónomo que supervisa todos los procesos electorales. El INE tiene la tarea de organizar elecciones, registrar partidos políticos, asegurar el financiamiento justo y supervisar las campañas políticas. La creación de este instituto, tras un pasado marcado por fraudes electorales, ha sido un pilar fundamental para la consolidación de la democracia en México.

- Aplicación en Cuba: En Cuba, un organismo similar debe ser creado para supervisar todo el proceso electoral, asegurando que se cumplan las normas y se respeten los derechos de los votantes. Esta institución debe ser independiente del poder ejecutivo, contar con la participación de actores de la sociedad civil, y estar sujeta a auditorías periódicas. Además, se podría recurrir a observadores internacionales para garantizar aún más la transparencia y credibilidad del proceso.

Importancia de un Proceso Electoral Justo y Transparente

El proceso electoral no solo asegura que los ciudadanos participen en la vida política de su país, sino que también fortalece la legitimidad del gobierno y del sistema democrático. Un sistema electoral transparente y eficaz crea confianza en las instituciones públicas y garantiza que las políticas adoptadas reflejan los intereses y deseos del pueblo. En un futuro Cuba democrático, el voto será el principal medio por el cual el pueblo pueda influir en las decisiones políticas, lo que subraya la importancia de establecer un proceso electoral sólido y confiable.

Preguntas para la Reflexión del Lector:

1. ¿Qué medidas crees que son esenciales para garantizar elecciones verdaderamente libres y transparentes en Cuba?

2. ¿Cómo puede la creación de una comisión electoral independiente fortalecer la democracia cubana?

3. ¿Qué importancia tiene el derecho al voto para los cubanos, tanto dentro como fuera de la isla?

4. ¿Cómo influye la educación cívica en la capacidad del pueblo para tomar decisiones informadas en las elecciones?

5. ¿Qué papel podrían jugar los observadores internacionales en asegurar que el proceso electoral en Cuba sea transparente y justo?

Conclusión

El establecimiento de un proceso electoral basado en los principios de Liberalismo, Democracia y Anticorrupción es fundamental para construir una nueva Cuba libre y democrática. A través de la organización de elecciones periódicas, libres y transparentes, la garantía del derecho al voto para todos los ciudadanos y la creación de un organismo independiente de supervisión electoral se puede asegurar que el gobierno realmente represente los intereses del pueblo. El éxito de esta propuesta depende de la creación de un sistema robusto y confiable, que respete los derechos fundamentales de los cubanos y que impida cualquier forma de manipulación o control indebido en el proceso democrático.

Subcapítulo 8:

La participación ciudadana es uno de los pilares fundamentales de cualquier democracia moderna, especialmente en un sistema basado en los principios de Liberalismo, Democracia y Anticorrupción. Una constitución que garantice y fomente la participación de sus ciudadanos en la vida política y social del país es esencial para asegurar la transparencia, la rendición de cuentas y la representación genuina de los intereses del pueblo. A continuación, se exploran las diferentes formas de participación ciudadana y cómo pueden contribuir a un sistema democrático sólido en una futura Cuba.

Formas de Participación Ciudadana

1. Derecho a Referendos e Iniciativas Populares

Los referendos y las iniciativas populares permiten a los ciudadanos participar directamente en la toma de decisiones sobre temas clave del país. Estas herramientas son esenciales en un sistema democrático liberal, ya que otorgan al pueblo el poder de expresar su voluntad sobre cuestiones constitucionales, legislativas o de política pública. A través de estos mecanismos, los ciudadanos pueden influir directamente en las leyes y las políticas que rigen sus vidas, sin depender únicamente de los representantes electos.

Referendos: Se utilizan para que los ciudadanos aprueben o rechacen leyes, enmiendas constitucionales o políticas importantes. Este mecanismo asegura que el pueblo tenga la última palabra en decisiones trascendentales para el país.

Iniciativas Populares: Este derecho permite que los ciudadanos propongan leyes o reformas constitucionales mediante la recolección de firmas, obligando al gobierno o al parlamento a debatir y someter a votación las propuestas ciudadanas.

- **Ejemplo Internacional: Suiza**

  Suiza es el ejemplo más emblemático de un país que ha implementado con éxito el derecho a los referendos e iniciativas populares. En Suiza, los ciudadanos tienen la capacidad de convocar referendos sobre cualquier ley aprobada por el parlamento, y también pueden proponer nuevas leyes o cambios constitucionales. Este sistema ha sido clave para mantener un gobierno participativo y transparente, en el que los ciudadanos tienen un control directo sobre las decisiones políticas importantes.

  - **Aplicación en Cuba**: En un sistema cubano basado en el liberalismo y la democracia, el derecho a los referendos y las iniciativas populares sería una herramienta fundamental para empoderar al pueblo. La creación de un sistema de referendos vinculantes permitiría a los cubanos expresar su opinión sobre reformas constitucionales, leyes críticas o políticas económicas. Asimismo, la posibilidad de que los ciudadanos puedan proponer iniciativas populares garantizaría que el gobierno responda a las demandas populares y no esté únicamente controlado por las élites políticas.

2. Derecho a la Protesta y la Participación en Procesos Políticos

La protesta es una de las formas más directas de participación ciudadana y una de las herramientas más poderosas para expresar desacuerdo, exigir cambios y reclamar derechos. En una democracia liberal, la libertad de protestar pacíficamente es esencial para garantizar que el gobierno escuche las voces disidentes y corrija sus errores cuando sea necesario. Del mismo modo, la participación en procesos políticos –tanto a través de partidos políticos como de organizaciones civiles– permite a los ciudadanos involucrarse activamente en la toma de decisiones y en la creación de políticas.

Protestas Pacíficas: El derecho a la protesta garantiza que los ciudadanos puedan reunirse y manifestarse públicamente para expresar sus opiniones, demandas o quejas. Este derecho es un reflejo directo de la libertad de expresión y de reunión, y es esencial para cualquier sociedad democrática.

Participación en Procesos Políticos: La participación en partidos políticos, sindicatos, organizaciones civiles y otros cuerpos políticos permite que los ciudadanos influyan directamente en la formulación de políticas. Esta participación no solo fortalece la democracia, sino que también fomenta la creación de una sociedad civil robusta y comprometida.

- **Ejemplo Internacional: Estados Unidos** En los Estados Unidos, el derecho a la protesta y a la participación en procesos políticos está profundamente arraigado en la cultura política. Movimientos como el Movimiento por los Derechos Civiles de la década de 1960 lograron importantes avances sociales gracias a la protesta pacífica y a la participación ciudadana activa. Además, el sistema político estadounidense fomenta la creación de una sociedad civil fuerte, con un amplio espectro de organizaciones políticas y civiles en las que los ciudadanos pueden participar para influir en la política pública.
  - **Aplicación en Cuba**: En una futura Cuba basada en los principios del liberalismo y la democracia, el derecho a la protesta pacífica debe estar garantizado constitucionalmente. Esto incluiría la posibilidad de organizar manifestaciones sin temor a represalias o

persecuciones, lo que permitiría a los ciudadanos exigir cambios de manera pacífica y constructiva. Además, se debe fomentar un ambiente en el que los ciudadanos puedan participar activamente en procesos políticos a través de la creación de partidos políticos plurales, sindicatos independientes y organizaciones civiles autónomas, que representen una amplia variedad de intereses y puntos de vista.

Beneficios de la Participación Ciudadana

1. **Fortalecimiento de la Democracia**: El derecho a referendos, iniciativas populares y protestas pacíficas garantiza que los ciudadanos no solo elijan a sus representantes, sino que también influyan directamente en las decisiones que afectan su vida cotidiana. Esto fortalece la democracia participativa, donde el pueblo tiene un papel activo más allá de las elecciones.

2. **Transparencia y Rendición de Cuentas**: Cuando los ciudadanos participan activamente en los procesos políticos, las instituciones públicas tienden a ser más transparentes y están obligadas a rendir cuentas de sus acciones. La participación es una herramienta para combatir la corrupción, ya que mantiene a los políticos y funcionarios bajo la supervisión constante del pueblo.

3. **Innovación Política y Social**: La diversidad de opiniones y puntos de vista que surge de una participación ciudadana activa puede llevar a soluciones innovadoras para los problemas que enfrenta un país. Las iniciativas populares permiten que ideas nuevas y progresistas se incorporen al debate político, rompiendo con los moldes tradicionales.

4. **Protección de los Derechos Humanos**: El derecho a la protesta es una herramienta fundamental para proteger y promover los derechos humanos. Las protestas pacíficas permiten a los ciudadanos exigir que el gobierno cumpla con

sus obligaciones en áreas como la justicia social, la equidad económica y la protección de las libertades fundamentales.

Preguntas para la Reflexión del Lector:

1. ¿Cómo podría la implementación de referendos e iniciativas populares fortalecer la democracia en Cuba?
2. ¿De qué manera el derecho a la protesta pacífica permite a los ciudadanos exigir rendición de cuentas a su gobierno?
3. ¿Cómo puede la participación en procesos políticos, a través de partidos u organizaciones civiles, crear un gobierno más representativo?
4. ¿Qué papel juega la libertad de manifestarse en el fortalecimiento de los derechos humanos y la justicia social en una sociedad democrática?
5. ¿Qué importancia tendría para ti como cubano la posibilidad de proponer leyes o políticas mediante iniciativas populares?

Conclusión

La **participación ciudadana** es la base sobre la que se construye una democracia sólida y funcional. A través del derecho a los referendos, las iniciativas populares, y la protesta pacífica, los ciudadanos pueden influir directamente en las políticas y decisiones que afectan sus vidas. En una futura Cuba basada en el Liberalismo, la Democracia y la Anticorrupción, es fundamental que estos derechos estén consagrados en la Constitución, asegurando que el gobierno esté siempre en manos del pueblo y que las decisiones políticas reflejen la voluntad colectiva. Este enfoque permitirá crear una sociedad más justa, transparente y democrática, en la que todos los ciudadanos tengan un papel activo y decisivo en el destino de su nación.

Subcapítulo 9:

La **autonomía y descentralización** son principios clave en un sistema político que busca promover la eficiencia, la rendición de cuentas y la participación ciudadana. La descentralización, en particular, permite que los gobiernos locales y regionales tomen decisiones más cercanas a las necesidades de la población, lo que fortalece la democracia y el buen gobierno. Un sistema basado en los principios de Liberalismo, Democracia y Anticorrupción debe estructurarse de tal manera que garantice que el poder no esté centralizado en un solo órgano o figura, sino que se distribuya de manera efectiva y equilibrada entre los diferentes niveles de gobierno.

A continuación, se desarrolla el punto de Autonomía y Descentralización, destacando los aspectos clave que deben formar parte de una Constitución moderna y ejemplos de países que han implementado exitosamente estos principios.

Autonomía y Descentralización

1. Organización del Poder Local y Regional

La autonomía local y regional es un principio fundamental para asegurar que las decisiones políticas y administrativas se tomen lo más cerca posible de los ciudadanos afectados por ellas. Esta autonomía permite que los gobiernos locales y regionales gestionen sus propios recursos, diseñen políticas que se adapten a las necesidades específicas de su región y tomen decisiones que reflejen las realidades locales.

En una Cuba futura, este principio es esencial para garantizar que las comunidades tengan el control de su propio destino, evitando la centralización del poder en La Habana y permitiendo que otras ciudades y regiones desarrollen sus propios modelos de desarrollo y prosperidad.

Aspectos Clave:

- **Poder Legislativo Local/Regional**: Los gobiernos locales y regionales deben tener la capacidad de legislar en áreas clave como la educación, la salud, el transporte y el desarrollo económico.

- **Presupuestos Autogestionados**: Las autoridades locales deben tener autonomía para gestionar sus propios presupuestos, lo que incluye la recaudación de impuestos locales y la distribución de fondos a proyectos prioritarios para la región.

- **Elección de Representantes Locales**: Los líderes locales deben ser elegidos democráticamente por los residentes de la región, garantizando así la rendición de cuentas y la legitimidad de sus acciones.

Ejemplo Internacional: Alemania

Alemania es un ejemplo exitoso de descentralización y autonomía regional. El país está organizado como una república federal, donde los estados (conocidos como "Länder") tienen un poder significativo en áreas como la educación, la seguridad y la administración pública. Cada estado tiene su propio parlamento y gobierno, lo que permite que las políticas se adapten a las necesidades y características específicas de cada región.

- **Impacto en Alemania**: Este sistema ha permitido que los estados más industrializados, como Baviera y Baden-

Wurtemberg, prosperen y desarrollen políticas económicas avanzadas, mientras que estados con necesidades diferentes pueden enfocarse en áreas como la agricultura o la cultura local. Al descentralizar el poder, Alemania ha mantenido una estabilidad política y crecimiento económico sostenido, además de fomentar una fuerte participación ciudadana en la toma de decisiones.

- **Aplicación en Cuba**: En Cuba, un sistema federal similar podría garantizar que regiones como Santiago de Cuba o Matanzas gestionen sus propios recursos y diseñen políticas adaptadas a sus necesidades económicas y sociales. La autonomía regional permitiría que el país avanzara de manera más equilibrada, reduciendo la dependencia de las decisiones centralizadas y promoviendo el desarrollo local.

2. Relación entre el Gobierno Central y los Gobiernos Regionales o Locales

El equilibrio de poder entre el gobierno central y los gobiernos regionales o locales es crucial para asegurar la eficiencia administrativa y el respeto a la autonomía local. El gobierno central debe enfocarse en áreas de interés nacional, como la política exterior, la defensa, y la macroeconomía, mientras que las autoridades locales deben gestionar las áreas más cercanas a la vida diaria de los ciudadanos.

En este contexto, la descentralización fiscal es un componente clave. Los gobiernos locales deben tener control sobre una parte de los ingresos fiscales y la libertad de utilizarlos en proyectos prioritarios para sus comunidades. A su vez, el gobierno central debe establecer mecanismos de **supervisión y coordinación**, para garantizar que se respeten los principios constitucionales y que las regiones no adopten políticas contrarias al interés nacional.

Aspectos Clave:

- **Subsidiariedad**: Principio según el cual las decisiones deben tomarse al nivel más cercano posible a los ciudadanos, dejando al gobierno central solo aquellas decisiones que no pueden ser gestionadas localmente.

- **Coordinación entre Niveles de Gobierno**: Se deben establecer mecanismos de cooperación y coordinación entre el gobierno central y los gobiernos regionales, asegurando que las políticas locales sean coherentes con las metas nacionales.

- **Descentralización Fiscal**: Los gobiernos locales deben tener la capacidad de recaudar y gestionar impuestos locales, lo que les permitirá financiar sus propios programas de desarrollo y servicios públicos.

Ejemplo Internacional: España

España ofrece un interesante modelo de descentralización y autonomía regional a través de su sistema de comunidades autónomas. Estas comunidades tienen un alto grado de autonomía política y fiscal, lo que les permite gestionar la mayoría de los asuntos locales y regionales, incluyendo la educación, la salud, la infraestructura y la cultura. Cataluña y el País Vasco son ejemplos destacados de cómo las regiones en España han utilizado esta autonomía para gestionar sus propios sistemas educativos y de salud, así como para impulsar políticas económicas que promuevan el crecimiento regional.

- **Impacto en España**: A pesar de los desafíos políticos, la descentralización ha permitido que las comunidades autónomas diseñen políticas específicas para sus ciudadanos y promuevan el desarrollo local. Las regiones con más recursos han prosperado económicamente, mientras que otras han utilizado la autonomía para preservar y fomentar su cultura y lengua.

- **Aplicación en Cuba**: En una futura Cuba democrática, la descentralización fiscal y política permitiría que regiones con diferentes características económicas y sociales desarrollen sus propios modelos de crecimiento. Las provincias ricas en turismo, como Varadero o Cienfuegos, podrían manejar sus propios ingresos y reinvertirlos en infraestructura, educación y salud, beneficiando directamente a sus ciudadanos.

Beneficios de la Autonomía y la Descentralización

1. **Mayor Eficiencia en la Gestión Pública**: Al permitir que las decisiones se tomen a nivel local, los gobiernos pueden responder de manera más rápida y efectiva a las necesidades de sus ciudadanos. La descentralización también reduce la burocracia, al eliminar la dependencia de los procedimientos centralizados.

2. **Fomento del Desarrollo Regional**: Las regiones que tienen control sobre sus propios recursos pueden diseñar políticas adaptadas a sus características económicas, sociales y culturales. Esto fomenta un crecimiento más equilibrado y reduce las disparidades entre las diferentes partes del país.

3. **Mayor Participación Ciudadana**: La descentralización aumenta la transparencia y la rendición de cuentas, ya que los ciudadanos pueden interactuar más directamente con sus representantes locales. Esto también fortalece la confianza en las instituciones políticas.

4. **Reducción de la Corrupción**: En sistemas descentralizados, los gobiernos locales están más expuestos al escrutinio público, lo que reduce las oportunidades para la corrupción. Además, la competencia entre regiones promueve la adopción de mejores prácticas de gobierno.

Preguntas para la Reflexión del Lector:

1. ¿Cómo crees que la descentralización del poder podría mejorar la eficiencia y la transparencia en Cuba?

2. ¿Qué ventajas tendría para tu región o localidad un sistema en el que los recursos se gestionen localmente en lugar de depender de decisiones tomadas en la capital?

3. ¿Cómo podría la descentralización ayudar a reducir la corrupción y fomentar un desarrollo más equilibrado entre las diferentes regiones de Cuba?

4. ¿Qué responsabilidades deberían tener los gobiernos locales y regionales en la Cuba futura, y cómo deberían coordinarse con el gobierno central?

Conclusión

La autonomía y la descentralización son principios esenciales para construir un sistema político moderno, eficiente y democrático en Cuba. Al distribuir el poder y los recursos entre los diferentes niveles de gobierno, se promueve una mayor eficiencia administrativa, una participación ciudadana más activa y un control más efectivo del poder. Los ejemplos de países como Alemania y España muestran cómo la descentralización puede fomentar el desarrollo local y reducir la concentración de poder en una sola entidad. Al aplicar estos principios en Cuba, se puede construir un sistema político que responda mejor a las necesidades del pueblo y que promueva un desarrollo económico y social sostenible en todo el país.

Subcapítulo 10:

El punto de Protección de Minorías es fundamental en cualquier Constitución moderna basada en Liberalismo, Democracia y Anticorrupción. Este principio busca garantizar que todos los grupos étnicos, religiosos, y culturales minoritarios tengan los mismos derechos y oportunidades que el resto de la población, protegiéndolos contra cualquier tipo de discriminación y asegurando que puedan participar plenamente en la vida social, política y económica del país.

La historia nos muestra que los países que han logrado el éxito en la protección de las minorías son aquellos que han implementado políticas inclusivas, promoviendo la igualdad de oportunidades y estableciendo mecanismos de protección legal para prevenir y sancionar la discriminación. Estos modelos pueden ser un referente para Cuba en su transición hacia una sociedad más justa e igualitaria.

Protección de Minorías

1. Garantía de Derechos para Grupos Étnicos, Religiosos y Culturales Minoritarios

La protección de los derechos de las minorías debe estar claramente garantizada en la Constitución de cualquier país que aspire a ser democrático y plural. Esto implica reconocer la diversidad étnica, religiosa y cultural de la población, y asegurarse de que todas las personas, independientemente de su origen o creencias, puedan vivir sin temor a la discriminación o persecución.

En Cuba, un país con una rica mezcla de etnias y culturas es crucial que una nueva Constitución garantice la igualdad de derechos y proteja a los grupos minoritarios, desde las comunidades afrocubanas y asiáticas hasta los grupos religiosos y culturales que han sido reprimidos durante años.

Aspectos Clave:

- **Reconocimiento Constitucional**: La Constitución debe reconocer explícitamente la diversidad étnica, religiosa y cultural del país, garantizando que las minorías no sean excluidas o marginadas en ningún ámbito.
- **Derechos Políticos y Culturales**: Las minorías deben tener el derecho de preservar y promover su lengua, cultura y religión, sin interferencia o represión por parte del Estado.
- **Protección Legal**: Se deben implementar leyes específicas que castiguen los delitos de odio y la discriminación, y que establezcan procedimientos claros para que las minorías puedan acceder a la justicia en caso de violación de sus derechos.

Ejemplo Internacional: Canadá

Canadá es un ejemplo destacado de cómo un país puede integrar la protección de las minorías en su sistema constitucional. La Carta Canadiense de Derechos y Libertades, consagrada en la Constitución de 1982, garantiza el respeto a los derechos de las minorías culturales, lingüísticas y religiosas. Canadá también ha implementado políticas de multiculturalismo que promueven el respeto y la convivencia entre las diferentes comunidades.

- **Impacto en Canadá**: La promoción de la diversidad ha permitido a Canadá ser uno de los países más inclusivos del mundo, donde las minorías disfrutan de los mismos derechos y oportunidades que el resto de la población. Las comunidades indígenas, los inmigrantes y los grupos religiosos han encontrado un espacio para preservar sus tradiciones y participar plenamente en la vida política y social del país.

- **Aplicación en Cuba**: En una nueva Cuba democrática, la protección de las minorías debe garantizar que todas las comunidades étnicas, como los afrocubanos, los descendientes de inmigrantes chinos o los grupos indígenas, puedan preservar su cultura y sus tradiciones. Esto promovería una Cuba más inclusiva y diversa, en la que todas las personas se sientan representadas y protegidas por el Estado.

2. Igualdad de Oportunidades y Protección contra la Discriminación

La igualdad de oportunidades es un pilar fundamental en cualquier sociedad democrática y liberal. Esta igualdad debe reflejarse en el acceso equitativo a la educación, el empleo, la salud y otros servicios esenciales, independientemente del origen étnico, cultural o religioso de las personas. Además, debe existir una protección contra la discriminación, tanto en el sector público como en el privado.

En Cuba, la desigualdad racial ha sido un tema de larga data, afectando particularmente a las comunidades afrocubanas. Una nueva Constitución debe abordar de manera explícita este tema y crear mecanismos que aseguren la igualdad de oportunidades para todos los cubanos.

Aspectos Clave:

- **Igualdad en el Acceso a Servicios**: Se deben implementar políticas que garanticen que todas las personas, sin importar su origen, tengan igual acceso a los servicios públicos como la educación, la salud y el empleo.
- **Mecanismos de Control y Supervisión**: Deben crearse organismos independientes que supervisen y garanticen que no se produzcan actos de discriminación en ningún sector, y que

castiguen severamente cualquier violación de los derechos de las minorías.

- **Representación en la Vida Pública**: Se deben implementar medidas para asegurar que las minorías estén representadas en el gobierno y en las instituciones públicas, fomentando una mayor participación política y social de todos los grupos.

Ejemplo Internacional: Sudáfrica

Sudáfrica, tras el fin del apartheid, implementó una de las Constituciones más progresistas en cuanto a la protección de los derechos de las minorías y la igualdad de oportunidades. La Constitución de 1996 reconoce los derechos de todas las personas, independientemente de su raza, etnia, género o religión, y establece mecanismos para asegurar que todas las comunidades tengan las mismas oportunidades de acceso a la educación, el empleo y los servicios públicos.

- **Impacto en Sudáfrica**: Aunque los desafíos persisten, las políticas de igualdad de oportunidades y la acción afirmativa han ayudado a reducir la brecha entre las diferentes comunidades y a garantizar una mayor inclusión en todos los niveles de la sociedad.
- **Aplicación en Cuba**: La nueva Cuba podría aprender de las experiencias de Sudáfrica para implementar políticas de acción afirmativa que aseguren que los grupos históricamente marginados tengan acceso a los mismos derechos y oportunidades que el resto de la población. Se podrían establecer programas especiales de educación y empleo para los jóvenes de las comunidades más desfavorecidas, promoviendo una mayor inclusión social y económica.

Beneficios de la Protección de Minorías

1. **Fomento de la Inclusión Social**: La garantía de derechos para las minorías promueve una sociedad más inclusiva, donde todas las personas, independientemente de su origen, se sientan valoradas y respetadas. Esto fortalece el tejido social y reduce las tensiones intercomunitarias.

2. **Mayor Participación en la Vida Pública**: Cuando las minorías tienen los mismos derechos y oportunidades que el resto de la población, su participación en la vida política, social y económica aumenta, lo que enriquece la democracia y promueve un mayor pluralismo.

3. **Reducción de la Discriminación**: Establecer leyes claras contra la discriminación y garantizar su aplicación efectiva ayuda a crear una sociedad más justa y equitativa. Las políticas de igualdad de oportunidades también promueven un ambiente más equilibrado en el que todos los ciudadanos pueden prosperar.

4. **Fortalecimiento de la Democracia**: La inclusión de todas las voces, especialmente las de los grupos minoritarios, fortalece las bases de una democracia genuina, en la que cada ciudadano tiene una participación en la toma de decisiones que afectan su vida.

Preguntas para la Reflexión del Lector:

1. ¿Cómo puede una nueva Constitución cubana garantizar que todos los grupos minoritarios, independientemente de su origen étnico o religión, tengan los mismos derechos y oportunidades?

2. ¿De qué manera puede Cuba implementar políticas de inclusión que reduzcan las desigualdades históricas, especialmente entre las comunidades afrocubanas y otras minorías?

3. ¿Qué mecanismos deberían implementarse para garantizar que se respeten los derechos de las minorías en el futuro sistema político cubano?

4. ¿Cómo puede la participación de las minorías en la vida pública y política enriquecer la democracia en Cuba?

Conclusión

La protección de las minorías es esencial para construir una Cuba más inclusiva, justa y democrática. La experiencia de países como Canadá y Sudáfrica muestra que la garantía de los derechos de los grupos minoritarios no solo promueve la igualdad, sino que también fortalece la cohesión social y la estabilidad política. En una nueva Cuba basada en los principios de Liberalismo, Democracia y Anticorrupción, es vital que la Constitución garantice la igualdad de derechos y oportunidades para todos, y que se implementen mecanismos sólidos para proteger contra la discriminación y asegurar que todas las comunidades puedan prosperar en igualdad de condiciones.

Subcapítulo 11:

El **punto de la Economía** en una Constitución es crucial para definir el marco dentro del cual se desarrollará el país en términos de productividad, bienestar y equidad. Los principios económicos deben estar claramente definidos, alineados con los valores de Liberalismo, Democracia y Anticorrupción, para asegurar que la economía del país sea dinámica, justa, y que fomente tanto el crecimiento económico como la igualdad de oportunidades para todos los ciudadanos.

A continuación, se desarrolla cada uno de los aspectos esenciales relacionados con la organización económica del país, poniendo énfasis en el derecho a la propiedad privada, las normas sobre expropiación, y la regulación del comercio, la industria y los derechos laborales. Además, se ofrecerán ejemplos de países que han aplicado con éxito estos principios y cómo lo han logrado.

Economía: Principios sobre la Organización Económica del País

La organización económica de un país debe basarse en un equilibrio entre libertad económica y justicia social, asegurando que todos los ciudadanos tengan la oportunidad de participar en la economía, tanto como emprendedores como empleados. Para Cuba, un modelo económico basado en los principios del liberalismo económico sería esencial para promover el crecimiento económico y la innovación, evitando los fracasos de un sistema centralizado que, como se ha demostrado en la historia reciente, ha conducido al estancamiento y la pobreza.

1. Libertad Económica

En un sistema liberal, se promueve la libertad de mercado, permitiendo a los individuos y empresas crear, invertir y comerciar con un mínimo de restricciones gubernamentales. Esto no significa ausencia de regulación, sino un sistema donde las reglas del juego son claras y justas para todos.

La Constitución cubana debe garantizar la libertad económica, permitiendo a los ciudadanos abrir sus propios negocios, comerciar libremente y acceder a los recursos necesarios para prosperar en la economía. El papel del gobierno será regular cuando sea necesario para prevenir abusos y monopolios, pero sin interferir indebidamente en la economía.

Ejemplo Internacional: Singapur

Singapur ha logrado un notable éxito al implementar una economía libre de mercado con un enfoque en la apertura al comercio internacional. Al garantizar un entorno regulatorio estable y seguro, Singapur ha atraído importantes inversiones extranjeras y ha impulsado el crecimiento económico.

- **Impacto en Singapur:** El modelo de Singapur ha permitido un desarrollo económico rápido, convirtiéndolo en uno de los países más ricos y competitivos del mundo. Su sistema económico se caracteriza por una baja carga impositiva, un entorno empresarial favorable y una estricta regulación anticorrupción.

- **Aplicación en Cuba:** Una nueva Cuba debe fomentar un entorno económico donde las empresas y los emprendedores puedan florecer. Al eliminar las barreras burocráticas y promover un mercado abierto, Cuba puede atraer inversiones extranjeras y generar empleos. Además, debe asegurar que el marco regulador sea claro y justo, para evitar los monopolios y fomentar la competencia.

Derecho a la Propiedad Privada y Normas sobre la Expropiación

El derecho a la propiedad privada es uno de los pilares fundamentales del liberalismo económico. Una sociedad que garantiza el respeto a la propiedad privada crea un ambiente de confianza que es esencial para atraer inversiones y fomentar la actividad económica. En contraste, la falta de protección a la propiedad privada, como sucedió en Cuba tras la Revolución, genera incertidumbre y ahuyenta el capital.

1. Derecho a la Propiedad Privada

La Constitución debe garantizar el derecho inviolable a la propiedad privada. Esto incluye no solo bienes inmuebles, sino también propiedades intelectuales y empresariales. La posibilidad de poseer, vender, alquilar, y utilizar la propiedad privada de manera libre es esencial para el crecimiento económico y la libertad individual.

2. Expropiación Justa

En ciertos casos, el Estado puede necesitar expropiar propiedades para proyectos de interés público, como carreteras o infraestructura. Sin embargo, la expropiación debe estar estrictamente regulada, ser excepcional, y siempre acompañada de una compensación justa y adecuada al valor de la propiedad. Además, debe estar sujeta a una supervisión judicial independiente para evitar abusos de poder.

Ejemplo Internacional: Alemania

Alemania garantiza el derecho a la propiedad privada en su Grundgesetz (Ley Fundamental). Si bien la expropiación es posible, la Constitución exige que se realice únicamente por razones de bien común, y solo bajo una compensación adecuada. Este equilibrio entre el derecho a la propiedad privada y el bien común ha permitido a Alemania desarrollar grandes proyectos de infraestructura sin generar descontento social.

- **Impacto en Alemania:** El respeto por la propiedad privada, junto con un sistema claro de compensación en caso de expropiación, ha fomentado un entorno de confianza entre los ciudadanos y el Estado, contribuyendo a la estabilidad política y económica del país.

- **Aplicación en Cuba**: Cuba debe implementar un sistema donde la propiedad privada sea garantizada y protegida por la Constitución. Además, la expropiación solo debe permitirse en circunstancias excepcionales, y debe estar sujeta a un estricto proceso judicial para garantizar la justicia y evitar el abuso.

Regulación del Comercio, la Industria y los Derechos Laborales

La regulación económica es necesaria para asegurar que los mercados funcionen de manera justa y eficiente. Esto incluye la protección de los derechos de los trabajadores, la regulación de los monopolios y la promoción de la competencia justa. La intervención del Estado debe estar orientada a asegurar que todos los actores económicos respeten las reglas del mercado y que se protejan los derechos de los más vulnerables.

1. Regulación del Comercio y la Industria

En una economía liberal, el comercio y la industria deben estar liberalizados, con un enfoque en facilitar las transacciones y reducir las barreras burocráticas. Sin embargo, el gobierno tiene la responsabilidad de regular las prácticas abusivas, como los monopolios, y asegurar que el mercado funcione de manera justa.

Una regulación adecuada debe enfocarse en asegurar que las empresas no puedan manipular los precios o crear barreras de entrada para otras empresas. Esto fomentará la competencia, lo que llevará a una mayor innovación y eficiencia en la economía.

Ejemplo Internacional: Estados Unidos

Estados Unidos ha implementado una serie de leyes antimonopolio, como la Ley Sherman, que promueven la competencia justa en los mercados. Estas leyes impiden que las grandes empresas se aprovechen de su posición para eliminar a la competencia, lo que asegura que el mercado siga siendo dinámico y competitivo.

- **Impacto en Estados Unidos**: Las leyes antimonopolio han permitido que el mercado estadounidense sea uno de los más competitivos del mundo, promoviendo la innovación y protegiendo a los consumidores de prácticas abusivas.

- **Aplicación en Cuba**: En una nueva Cuba, se deben implementar leyes que promuevan la competencia justa y regulen los posibles abusos de las grandes corporaciones. Esto permitirá que tanto las grandes como las pequeñas empresas prosperen en un entorno equilibrado.

2. Derechos Laborales

La protección de los derechos laborales es esencial en cualquier economía. Esto incluye garantizar un salario justo, condiciones laborales seguras y el derecho a formar sindicatos. Además, se deben implementar políticas que promuevan la igualdad de género y la no discriminación en el lugar de trabajo.

Ejemplo Internacional: Dinamarca

Dinamarca es un ejemplo sobresaliente de cómo equilibrar la libertad económica con la protección de los derechos laborales. El modelo danés, conocido como flexiguridad, combina una alta protección social con un mercado laboral flexible. Esto permite que las empresas puedan contratar y despedir de manera ágil, mientras que los trabajadores están protegidos por un sólido sistema de seguridad social y capacitación continua.

- **Impacto en Dinamarca**: Este modelo ha creado un entorno donde tanto las empresas como los trabajadores prosperan. Dinamarca tiene altos niveles de empleo y una de las economías más competitivas del mundo, al mismo tiempo que asegura la protección de sus trabajadores.

- **Aplicación en Cuba**: En Cuba, se debe promover un sistema que asegure el respeto a los derechos de los trabajadores, incluyendo el derecho a la sindicalización y la seguridad en el trabajo, al mismo tiempo que se fomenta la flexibilidad y la competitividad del mercado laboral.

Conclusión

Para que Cuba prospere en el siglo XXI, necesita un sistema económico que esté basado en los principios del liberalismo, que respete la propiedad privada, y que promueva la competencia justa en un mercado libre. Además, debe haber un equilibrio entre la protección de los derechos de los trabajadores y la flexibilidad necesaria para que las empresas prosperen en un entorno competitivo.

Al seguir los ejemplos de países como Singapur, Alemania, Estados Unidos y Dinamarca, Cuba puede crear una economía dinámica y próspera que beneficie a todos sus ciudadanos, asegurando tanto el crecimiento económico como la justicia social.

El liberalismo económico, en combinación con una fuerte protección de los derechos de los trabajadores, permitirá un desarrollo equilibrado, donde tanto el crecimiento económico como el bienestar social puedan coexistir.

Preguntas de Reflexión Finales para el Lector:

1. ¿Cómo puede el reconocimiento del derecho a la propiedad privada ayudar a reconstruir la confianza en el sistema económico cubano?

2. ¿Qué papel juega la libre competencia en la creación de una economía innovadora y próspera?

3. ¿Cómo pueden las leyes laborales proteger los derechos de los trabajadores sin obstaculizar el crecimiento económico?

4. ¿De qué manera puede la expropiación ser justa y transparente, asegurando que el bien común no entre en conflicto con los derechos individuales?

En última instancia, la reforma económica es un pilar fundamental para el éxito de cualquier nuevo sistema constitucional en Cuba. Una Constitución que garantice la libertad económica y la protección de derechos creará un entorno en el que todos los cubanos puedan tener la oportunidad de prosperar.

Subcapítulo 12:

Educación, Salud y Seguridad Social: Elementos Fundamentales para el Bienestar del Ciudadano

Una constitución que aspire a representar los principios de liberalismo, democracia y anticorrupción debe incluir, sin lugar a duda, el reconocimiento y la protección del derecho a la educación, la salud y la seguridad social. Estos pilares no solo fortalecen el bienestar individual, sino que también son fundamentales para la construcción de una sociedad equitativa, próspera y con un gobierno transparente y responsable.

A continuación, desarrollamos cada uno de estos derechos y su implementación, basándonos en ejemplos de éxito internacional.

1. Derecho a la Educación

El Rol de la Educación en una Democracia Liberal

El derecho a la educación es esencial en cualquier sistema democrático que aspire a la libertad y la prosperidad. La **educación** no solo forma ciudadanos informados capaces de participar activamente en la vida política de su país, sino que también proporciona las herramientas necesarias para el desarrollo económico y la movilidad social.

En un modelo liberal, la educación debe estar disponible para todos los ciudadanos, independientemente de su situación económica, género o etnia. Además, el sistema educativo debe ser inclusivo y proporcionar oportunidades equitativas para que los estudiantes puedan desarrollarse plenamente y contribuir al progreso de su país.

- **Propuesta**: La Constitución debe garantizar el derecho universal a una educación gratuita y de calidad, con especial énfasis en la enseñanza básica y media, y promover el acceso equitativo a la educación superior y técnica. El Estado debe asegurar que las escuelas públicas estén bien financiadas y que los estudiantes de todas las regiones del país tengan acceso a una educación de calidad.

- **Ejemplo Internacional: Finlandia**.

  Finlandia tiene uno de los sistemas educativos más admirados del mundo, conocido por su equidad y calidad. La educación es gratuita en todos los niveles, desde la primaria hasta la universidad, lo que garantiza que todos los ciudadanos tengan acceso a una educación de alta calidad. Además, se invierte en la formación continua de los maestros, asegurando que los profesionales de la educación tengan las herramientas necesarias para educar de manera efectiva.

El sistema finlandés promueve la igualdad de oportunidades y no segmenta a los estudiantes según su rendimiento a edades tempranas, lo que ha llevado a altos niveles de desempeño educativo a nivel global.

Impacto del Derecho a la Educación en Cuba

Implementar un sistema educativo similar permitiría que Cuba forme ciudadanos críticos y comprometidos con la democracia. Un sistema educativo equitativo también podría reducir las desigualdades sociales que actualmente existen en el país y brindar oportunidades reales de progreso.

2. Derecho a la Salud

Salud como Pilar del Bienestar Individual y Colectivo

El derecho a la salud es otro componente esencial de una sociedad democrática que valore la igualdad y la dignidad de cada individuo. En un sistema basado en los principios de liberalismo y democracia, el Estado debe garantizar que todos los ciudadanos tengan acceso a servicios de salud de calidad sin importar su estatus socioeconómico.

- **Propuesta**: La Constitución cubana debe garantizar el derecho a la salud y establecer que el Estado es responsable de proporcionar servicios de salud accesibles y de calidad. Esto incluiría la creación de seguros de salud accesibles y un sistema mixto en el que puedan participar tanto el sector público como el privado, para asegurar una atención eficiente.

El sistema de salud debe tener un enfoque preventivo y asegurar que los ciudadanos tengan acceso a tratamientos sin tener que sufrir largas esperas o limitaciones por razones económicas.

- **Ejemplo Internacional: Francia**. El sistema de salud francés es uno de los mejores ejemplos de un sistema de salud universal que combina el sector público y privado. Los ciudadanos tienen acceso a seguros de salud obligatorios, y el Estado cubre la mayor parte de los costos de atención médica. Esto ha permitido que Francia mantenga altos niveles de salud pública, con acceso equitativo a tratamientos de calidad sin importar el nivel de ingresos de la población.

Impacto del Derecho a la Salud en Cuba

Para **Cuba**, la adopción de un sistema de salud similar no solo aseguraría una mejor calidad de vida, sino que permitiría a los ciudadanos participar plenamente en la vida social y económica del país. Un sistema de salud accesible fomentaría el crecimiento económico a largo plazo al reducir los costos de salud pública y prevenir enfermedades a través de la atención primaria y la educación en salud.

3. Derecho a la Seguridad Social

La Seguridad Social como Pilar de Protección Contra la Pobreza

La seguridad social es fundamental en un Estado que pretende garantizar una vida digna para todos sus ciudadanos. En un sistema democrático, la seguridad social no es simplemente una red de protección para los más vulnerables, sino también una inversión en la estabilidad económica y social. La protección contra la pobreza, el desempleo y la falta de ingresos durante la vejez es un derecho esencial que debe garantizar cualquier constitución moderna.

- **Propuesta:** La nueva Constitución cubana debe garantizar un sistema de seguridad social integral que proteja a todos los ciudadanos en casos de desempleo, enfermedad, vejez, y discapacidad. El sistema debe ser administrado de manera transparente y estar bien financiado para garantizar su sostenibilidad a largo plazo.

Un enfoque mixto que combine contribuciones del Estado, los empleadores y los empleados sería lo más eficiente para garantizar la sostenibilidad financiera del sistema.

- **Ejemplo Internacional: Suecia.**

  Suecia es conocida por su extenso sistema de bienestar que incluye un sistema de seguridad social robusto, financiado a través de impuestos progresivos. Este sistema garantiza pensiones dignas, apoyo por desempleo y asistencia médica, creando una sociedad con bajos niveles de desigualdad y altos índices de bienestar. El modelo sueco también se destaca por su transparencia y eficiencia, lo que ha permitido su éxito continuo.

Impacto del Derecho a la Seguridad Social en Cuba

Adoptar un modelo similar en Cuba aseguraría que todos los ciudadanos, especialmente los más vulnerables, puedan disfrutar de una vida digna y protegida de la pobreza. Un sistema de seguridad social bien estructurado también fomentaría la cohesión social y disminuiría las desigualdades, proporcionando una base sólida para el desarrollo económico y social del país.

Responsabilidad del Estado en Garantizar Servicios Básicos

En un sistema democrático liberal, el Estado tiene la obligación fundamental de garantizar que todos los ciudadanos tengan acceso a servicios básicos como la educación, la salud y la seguridad social. El Estado debe actuar como un garante, no como un controlador absoluto de estos servicios, asegurando que sean accesibles, justos y de alta calidad.

- **Propuesta**: La Constitución debe establecer claramente que es responsabilidad del Estado proporcionar, supervisar y garantizar el acceso a estos servicios esenciales, mientras se fomenta la participación del sector privado y se establecen mecanismos claros de transparencia y rendición de cuentas.

Ejemplo Internacional: Alemania

Alemania es un buen ejemplo de cómo el Estado puede ser un garante eficiente de servicios básicos sin controlar todos los aspectos de su provisión. El sistema educativo alemán permite la participación de instituciones privadas y públicas, mientras el sistema de salud es universal pero administrado en su mayoría por entidades privadas que trabajan bajo estrictas regulaciones del Estado. Además, la seguridad social en Alemania es uno de los sistemas más avanzados y sostenibles del mundo, garantizando apoyo en todas las etapas de la vida.

Conclusión: Un Estado Responsable y Democrático

El derecho a la educación, la salud y la seguridad social debe estar garantizado en la Constitución cubana como parte de un esfuerzo por construir una sociedad más justa y equitativa. Adoptando ejemplos de éxito de países como Finlandia, Francia, Suecia y Alemania, Cuba puede crear un sistema inclusivo que fomente el bienestar de todos los ciudadanos, mientras se asegura la sostenibilidad y transparencia de los servicios básicos.

Estos pilares sociales, cuando están bien implementados y gestionados de manera transparente, pueden ser la base para la creación de una sociedad que prioriza el bienestar de su gente y que empodera a sus ciudadanos para que participen plenamente en la vida política, económica y social del país.

Preguntas para Reflexionar:

1. ¿Cómo puede Cuba garantizar que todos los ciudadanos tengan acceso a una educación de calidad, independientemente de su origen socioeconómico?

2. ¿Qué mecanismos de supervisión podrían garantizar que los servicios de salud sean eficientes y accesibles para toda la población?

3. ¿Cómo puede un sistema de seguridad social bien diseñado contribuir a la estabilidad y la justicia social en Cuba?

4. ¿De qué manera el Estado puede equilibrar su rol como garante de estos derechos con la necesidad de permitir la participación del sector privado para mejorar la calidad y eficiencia de los servicios?

Estas preguntas son clave para que el lector reflexione sobre la importancia de estos derechos en la vida cotidiana y en el progreso de una nación.

Subcapítulo 13:

Seguridad Nacional y Defensa: Garantizando la Soberanía y Libertades en un Estado Democrático

La seguridad nacional y la defensa son componentes fundamentales de cualquier Estado, especialmente en aquellos que aspiran a garantizar el bienestar y las libertades de sus ciudadanos. Bajo los principios de liberalismo, democracia y anticorrupción, la organización de las fuerzas armadas y el papel del Estado en la seguridad deben equilibrar el respeto a las libertades civiles con la protección de la soberanía y el orden público. Un enfoque bien estructurado no solo debe evitar los abusos de poder, sino también asegurar que las fuerzas armadas y los organismos de defensa sean transparentes, eficientes y responsables ante el pueblo.

A continuación, desarrollamos estos puntos clave y analizamos ejemplos internacionales que han logrado un equilibrio exitoso en la organización de la defensa y la seguridad nacional.

1. Definición de las Fuerzas Armadas y sus Funciones

El Rol de las Fuerzas Armadas en un Estado Democrático

En una sociedad liberal y democrática, las fuerzas armadas deben estar claramente subordinadas al poder civil y cumplir funciones estrictamente limitadas a la defensa nacional, la protección de la soberanía y la seguridad de las fronteras. Las fuerzas armadas no deben tener influencia en la vida política interna del país ni ser utilizadas para reprimir a la población.

- **Propuesta**: La Constitución cubana debe definir claramente el rol de las fuerzas armadas como garantes de la seguridad externa del país. Las fuerzas armadas deben estar sujetas a controles democráticos y no interferir en los asuntos internos ni en la política civil. Sus funciones deben limitarse a:
  - La defensa del territorio ante amenazas extranjeras.
  - La protección de la soberanía nacional.
  - La colaboración en situaciones de emergencia nacional, como desastres naturales, bajo la supervisión de autoridades civiles.

Para evitar la politización de las fuerzas armadas, el control civil debe ser prioritario, y cualquier intento de utilizar las fuerzas armadas para intereses políticos o represión interna debe estar estrictamente prohibido y castigado.

- **Ejemplo Internacional: Estados Unidos.**

En Estados Unidos, el presidente, como jefe de las fuerzas armadas, actúa bajo el control del Congreso y otros organismos, garantizando una estructura de control democrático sobre las decisiones militares. Las fuerzas armadas están limitadas en su uso dentro de las fronteras del país, y cualquier despliegue requiere la autorización del Congreso. Además, las leyes prohíben explícitamente que las fuerzas armadas intervengan en funciones policiales o de orden público, garantizando una clara separación entre los asuntos militares y civiles.

Impacto de la Estructura Militar en Cuba

Para **Cuba**, este modelo garantizaría que las fuerzas armadas sirvan únicamente para la protección de la soberanía nacional y no se involucren en la vida política. Con un claro enfoque en la protección de las fronteras y la defensa de la soberanía, Cuba podría establecer un ejército profesional y disciplinado que no interfiera en los asuntos internos ni repita los abusos de poder del pasado.

2. Rol del Estado en la Protección de la Seguridad Nacional

Seguridad Nacional y Protección de los Ciudadanos

El Estado tiene la responsabilidad fundamental de proteger a sus ciudadanos y asegurar que existan mecanismos eficientes para prevenir y responder a amenazas tanto internas como externas. Sin embargo, este rol debe estar balanceado con el respeto a las libertades civiles y los derechos humanos. Un Estado que utiliza la seguridad nacional como pretexto para la represión de sus ciudadanos está en contradicción directa con los principios del liberalismo y la democracia.

- **Propuesta**: La Constitución debe establecer un sistema de seguridad nacional que, bajo el control de instituciones democráticas, garantice la protección de los ciudadanos contra amenazas externas y peligros internos. La seguridad nacional debe estar centrada en la defensa de los derechos fundamentales, con un enfoque en:
  - La **protección de las fronteras** contra el tráfico de drogas, armas, y el terrorismo.
  - La **defensa contra amenazas externas** con alianzas estratégicas internacionales.
  - La **resiliencia nacional ante desastres naturales**, garantizando una respuesta eficiente y rápida en emergencias.

El **Ministerio de Defensa** debe tener un rol claro y transparente, y sus decisiones deben ser sometidas a la revisión de instituciones civiles como el parlamento, para evitar abusos de poder y corrupción en su gestión.

- **Ejemplo Internacional: Israel.**

  Israel ha establecido un sistema de seguridad nacional reconocido por su efectividad y transparencia. Las fuerzas armadas israelíes, bajo la supervisión del Knéset (parlamento), están altamente capacitadas y orientadas a la defensa de las fronteras. Aunque Israel enfrenta amenazas constantes, su sistema de defensa está diseñado para proteger las libertades civiles y evitar la militarización de la vida política interna. Además, Israel combina un enfoque de alta tecnología en defensa con una fuerte supervisión civil, garantizando la rendición de cuentas y el respeto a los derechos humanos.

Seguridad Nacional Transparente y Anticorrupción

Un aspecto clave de un sistema de seguridad democrática es la transparencia y la lucha contra la corrupción. Las fuerzas armadas y los organismos de seguridad nacional deben operar con presupuestos claros y auditables, y cualquier malversación de fondos debe ser severamente castigada.

- **Propuesta:** El Estado debe establecer un sistema de auditoría interna que supervise el presupuesto y las actividades del Ministerio de Defensa y los organismos de seguridad, para prevenir la corrupción. Cualquier desviación de fondos o uso indebido de los recursos de defensa debe ser investigado por organismos independientes, y los resultados de las auditorías deben ser públicos.

- **Ejemplo Internacional: Suecia.**

Suecia es un país con una tradición de transparencia en el uso de los recursos de defensa. Las decisiones presupuestarias sobre las fuerzas armadas son sometidas a debate parlamentario y los gastos son auditados regularmente. Además, el enfoque de Suecia en la transparencia y la rendición de cuentas ha reducido al mínimo los casos de corrupción dentro de su sistema de defensa, lo que ha asegurado una administración eficiente y responsable.

Impacto en Cuba

Para Cuba, la implementación de un sistema de seguridad nacional que sea transparente y anticorrupción ayudaría a restaurar la confianza de los ciudadanos en las instituciones estatales. El uso de recursos públicos para fortalecer la seguridad del país sin recurrir a la represión interna sería un paso clave para crear un sistema democrático que valore tanto la soberanía nacional como la libertad individual.

Conclusión: Seguridad Nacional y Defensa en una Cuba Democrática

La seguridad nacional en un Estado democrático como el que se propone para Cuba debe basarse en los principios de transparencia, control civil y respeto a los derechos humanos. Las fuerzas armadas y los organismos de seguridad deben tener funciones claramente delimitadas y estar bajo un control civil riguroso, para evitar abusos de poder y garantizar que su propósito sea la defensa de la soberanía y la protección de los ciudadanos.

Con ejemplos exitosos como los de Estados Unidos, Israel y Suecia, Cuba puede adoptar un modelo de seguridad que combine la eficiencia militar con el respeto a los derechos civiles, creando un entorno donde las fuerzas armadas sean profesionales, transparentes y responsables ante el pueblo.

Preguntas para Reflexionar:

1. ¿Cómo puede Cuba evitar la politización de las fuerzas armadas y asegurar que su único propósito sea la defensa de la nación?
2. ¿Qué medidas podrían adoptarse para garantizar la transparencia y la rendición de cuentas en el uso del presupuesto de defensa?
3. ¿Cómo puede un sistema de seguridad nacional bien estructurado fomentar la confianza de los ciudadanos en el Estado y evitar el uso de la represión interna?

Estas preguntas son clave para que el lector reflexione sobre la importancia de un sistema de defensa responsable y transparente en una futura Cuba democrática.

Reforma Constitucional: Procedimientos para la Enmienda y Reforma de la Constitución en una Democracia Liberal

La reforma constitucional es un proceso clave para mantener la vigencia de los principios democráticos y asegurar que la ley fundamental de un país evolucione con las necesidades sociales, políticas y económicas de su tiempo. Bajo los principios del liberalismo, la democracia y la anticorrupción, este proceso debe ser transparente, inclusivo y participativo, garantizando que el pueblo y las instituciones tengan un papel activo en la revisión y actualización de la constitución.

Desarrollar un mecanismo de reforma constitucional que asegure que el poder permanezca en manos del pueblo, evitando que las élites o los intereses particulares dominen el proceso, es esencial para garantizar la estabilidad democrática a largo plazo.

1. Procedimientos para Enmendar o Reformar la Constitución

Mecanismos de Reforma Constitucional en un Sistema Democrático

En una democracia liberal, los procedimientos para reformar o enmendar la constitución deben estar claramente establecidos y protegidos para evitar manipulaciones arbitrarias. Las reformas constitucionales deben ser difíciles de realizar para prevenir cambios impulsivos o que beneficien únicamente a aquellos en el poder, pero tampoco deben ser imposibles, ya que la constitución debe adaptarse a los cambios de la sociedad.

- **Propuesta**: La **Constitución cubana** debe definir un proceso de reforma que sea inclusivo y refleje la voluntad popular. Este proceso podría dividirse en dos tipos de reformas:

  1. **Enmiendas Ordinarias**: Para cambios menores o ajustes técnicos, que podrían aprobarse mediante una mayoría cualificada en el parlamento.

  2. **Reformas Mayores**: Para cambios estructurales o fundamentales (como la modificación de los derechos fundamentales o la estructura del gobierno), que requerirían referendos populares además de la aprobación del parlamento.

Este enfoque balancea la flexibilidad con la protección de los principios fundamentales de la constitución, asegurando que los cambios significativos pasen por un proceso de deliberación pública y democrática.

- **Ejemplo Internacional: Estados Unidos**.

  La Constitución de Estados Unidos ha sido enmendada 27 veces desde su creación en 1787. El proceso para enmendar la constitución es deliberadamente difícil: requiere que dos tercios de ambas cámaras del Congreso aprueben la enmienda, y luego que sea ratificada por tres cuartos de los estados. Este sistema garantiza que las enmiendas sean el resultado de un amplio consenso y no de decisiones apresuradas.

Impacto en Cuba

Implementar un sistema similar en **Cuba** garantizaría que la Constitución se mantenga como un documento vivo que puede adaptarse a nuevas circunstancias, pero solo cuando se logre un consenso claro entre los representantes del pueblo y los ciudadanos en general. Esto también impediría que cualquier gobernante o grupo político pueda cambiar las reglas del juego a su favor sin un respaldo significativo.

2. Participación del Pueblo y las Instituciones en el Proceso de Reforma

El Rol de la Participación Ciudadana en la Reforma Constitucional

En cualquier sistema democrático moderno, la participación ciudadana en la reforma constitucional es fundamental para asegurar la legitimidad de los cambios. Las constituciones no solo son documentos legales, sino un reflejo del contrato social entre el Estado y el pueblo, y cualquier modificación debe involucrar a los ciudadanos de manera significativa.

- **Propuesta**: Para garantizar que cualquier reforma constitucional en Cuba sea legítima y refleje los intereses del pueblo, se debe instituir un proceso de participación ciudadana claro. Esto podría incluir:

  - **Consultas Públicas**: Antes de cualquier reforma importante, se deben realizar consultas públicas en las que los ciudadanos puedan expresar sus opiniones y sugerencias.

  - **Referendos Obligatorios**: Para cualquier cambio estructural en la constitución, como la modificación de derechos fundamentales o la redistribución de poderes, se debe realizar un referendo nacional donde todos los ciudadanos puedan votar.

  - **Iniciativas Populares**: Permitir a los ciudadanos proponer reformas constitucionales mediante iniciativas populares si logran recolectar un número significativo de firmas.

Este enfoque asegura que el poder constituyente permanezca en manos del pueblo y que cualquier cambio en la carta magna sea el resultado de un proceso democrático, abierto y transparente.

- **Ejemplo Internacional: Suiza.**

  En **Suiza**, los ciudadanos tienen un papel activo en la modificación de la constitución a través de referendos. Si se recolectan 100,000 firmas en un plazo determinado, los ciudadanos pueden forzar un referendo sobre una enmienda constitucional. Este sistema directa garantiza que los cambios constitucionales reflejen la voluntad de la mayoría de los ciudadanos, y no solo de los políticos.

Instituciones y Supervisión del Proceso de Reforma

Además de la participación ciudadana, es crucial que las instituciones democráticas jueguen un rol clave en la supervisión y ejecución de las reformas constitucionales para asegurar que el proceso se lleve a cabo de manera legal y transparente.

- **Propuesta**: El proceso de reforma constitucional en Cuba debe estar supervisado por una comisión constitucional independiente, conformada por representantes de diversas instituciones:

  - **Poder Judicial**: Garantizando que cualquier reforma esté de acuerdo con los principios fundamentales de justicia y derechos humanos.

  - **Poder Legislativo**: Participando en la aprobación de reformas menores y en la propuesta de cambios constitucionales mayores.

  - **Órganos de Control Electoral**: Supervisando los referendos y garantizando que el voto popular sea transparente y justo.

El Poder Judicial debe tener la capacidad de revisar cualquier reforma constitucional para asegurarse de que no infrinja los principios democráticos y liberales que protegen los derechos fundamentales de los ciudadanos.

- **Ejemplo Internacional: Alemania**.

  En Alemania, la constitución (Grundgesetz) establece que ciertas partes fundamentales, como los derechos humanos y la estructura básica del Estado, no pueden ser modificadas. Cualquier reforma constitucional debe ser aprobada por dos tercios del Bundestag (parlamento) y del Bundesrat (representantes de los estados federados), asegurando así que exista un amplio consenso político y social. El Tribunal Constitucional Federal tiene la autoridad de revisar cualquier reforma para asegurarse de que no contradiga los principios fundamentales de la constitución.

Conclusión: Un Proceso de Reforma Constitucional Democrático y Participativo

El proceso de reforma constitucional en Cuba, basado en los principios de liberalismo, democracia y anticorrupción, debe ser inclusivo, transparente y diseñado para reflejar la voluntad del pueblo. Garantizar que tanto las instituciones como los ciudadanos tengan un papel activo en este proceso es fundamental para asegurar que cualquier cambio a la constitución refleje los valores democráticos y proteja los derechos fundamentales.

Con ejemplos exitosos como los de Estados Unidos, Suiza y Alemania, Cuba puede adoptar un sistema de reformas constitucionales que equilibre la estabilidad institucional con la adaptabilidad, asegurando que la constitución siga siendo relevante y legítima en el futuro.

Preguntas para Reflexionar:

1. ¿Cómo puede Cuba asegurar que las reformas constitucionales reflejen los intereses del pueblo y no de las élites políticas?

2. ¿Qué mecanismos deben implementarse para garantizar que las enmiendas constitucionales no violen los principios fundamentales de derechos humanos y libertades?

3. ¿Cómo puede un sistema de referendos e iniciativas populares fortalecer la participación ciudadana en el proceso constitucional en Cuba?

Rendición de Cuentas y Transparencia: Un Pilar Fundamental para una Democracia Sólida

La rendición de cuentas y la transparencia son esenciales en cualquier sistema político basado en los principios de liberalismo, democracia y anticorrupción. Estos principios aseguran que los gobernantes y funcionarios públicos estén sujetos a mecanismos de control que los obliguen a actuar de acuerdo con los intereses del pueblo y no en su propio beneficio. Además, garantizan que los ciudadanos tengan acceso a información clara y veraz sobre cómo se gestionan los recursos del Estado y cómo se toman las decisiones que afectan sus vidas.

Para Cuba, implementar mecanismos de rendición de cuentas y transparencia efectivos es un paso crucial para erradicar la corrupción endémica y construir un Estado que sea verdaderamente responsable ante el pueblo. Este sistema debe promover la vigilancia ciudadana y asegurar que los actos de corrupción sean detectados y sancionados rápidamente.

1. Mecanismos de Control del Poder y la Obligación de los Funcionarios Públicos de Rendir Cuentas

Propuesta: Fortalecimiento de los Mecanismos de Supervisión y Control

La constitución debe establecer mecanismos de supervisión independiente que controlen el ejercicio del poder de los funcionarios públicos y del gobierno en general. Estos mecanismos aseguran que los gobernantes actúen de manera transparente y se responsabilicen por sus decisiones y acciones.

- **Propuesta para Cuba**: Se debe crear una **Contraloría General** independiente, con facultades para auditar el uso de los recursos públicos a todos los niveles del gobierno. Esta institución debe tener la autonomía necesaria para investigar cualquier irregularidad, realizar auditorías periódicas y publicar los resultados de manera pública.

Asimismo, se deben fortalecer los mecanismos de rendición de cuentas de los funcionarios públicos a través de un sistema de declaraciones de patrimonio y de conflicto de intereses, que aseguren que los funcionarios no utilicen sus cargos para enriquecerse de manera ilegal.

Ejemplo Internacional: Chile

Chile es un ejemplo exitoso en la implementación de mecanismos de control y rendición de cuentas. La Contraloría General de la República de Chile es una institución autónoma encargada de fiscalizar el uso de los recursos públicos y asegurar que las autoridades actúen de acuerdo con la ley. La Contraloría realiza auditorías detalladas y periódicas a todas las instituciones públicas, y sus informes son públicos, permitiendo que la ciudadanía tenga acceso a los resultados de estas auditorías.

- **Impacto en Cuba**: Un sistema similar en Cuba promovería la transparencia en la gestión pública y reduciría significativamente el riesgo de corrupción. Los ciudadanos podrían monitorear cómo se gastan los recursos públicos, y los funcionarios públicos estarían obligados a rendir cuentas sobre sus acciones de manera regular.

Propuesta: Participación Ciudadana y Observación Pública

Es fundamental involucrar a los ciudadanos en el proceso de **supervisión** del gobierno para fomentar una cultura de transparencia y participación. Esto puede lograrse mediante la creación de portales digitales de transparencia, donde la ciudadanía pueda acceder a información sobre el gasto público, contratos del gobierno, procesos de licitación, y otras decisiones administrativas.

- **Propuesta para Cuba**: Un **Portal Nacional de Transparencia** que permita a los ciudadanos acceder fácilmente a toda la información relacionada con el gasto público y la gestión gubernamental, incluyendo los resultados de las auditorías y las decisiones importantes del gobierno.

Ejemplo Internacional: Suecia

Suecia es reconocida como uno de los países más transparentes del mundo. El país tiene un sistema robusto que permite a los ciudadanos acceder a documentos públicos y de gobierno en cualquier momento. Además, Suecia ha promovido durante décadas una cultura de transparencia gubernamental, donde cualquier ciudadano puede pedir acceso a documentos oficiales, lo que ha ayudado a reducir drásticamente los niveles de corrupción.

- **Impacto en Cuba**: Implementar un sistema de acceso a la información como el de Suecia en Cuba fomentaría una cultura de vigilancia ciudadana. Al tener acceso a los datos y decisiones del gobierno, los cubanos podrían participar activamente en el control del poder y exigir cuentas a sus líderes.

2. Lucha Contra la Corrupción

Propuesta: Un Marco Legal Firme y Autónomo para Combatir la Corrupción

La lucha contra la corrupción requiere un enfoque multifacético que combine la creación de instituciones independientes, la promulgación de leyes claras y estrictas, y un fuerte compromiso político. La corrupción no solo socava la democracia y el liberalismo, sino que también impide el desarrollo económico y social.

- Propuesta para Cuba: La constitución debe establecer un Órgano Nacional Anticorrupción, completamente autónomo, con autoridad para investigar y procesar delitos de corrupción a todos los niveles del gobierno. Este órgano debe tener el poder de investigar tanto a funcionarios públicos como a entidades privadas que trabajen con el Estado. Además, se debe crear un marco legal anticorrupción que tipifique los delitos de corrupción de manera clara y con sanciones severas para los culpables.

Ejemplo Internacional: Singapur

Singapur es un ejemplo exitoso de un país que ha logrado eliminar casi por completo la corrupción mediante la implementación de un **marco** legal robusto y la creación de un organismo anticorrupción autónomo, el Bureau de Investigaciones sobre Prácticas Corruptas (CPIB). Singapur ha adoptado una política de tolerancia cero hacia la corrupción, con penas severas para los funcionarios públicos que incurren en este delito, y un fuerte compromiso por parte del gobierno de asegurar que las instituciones permanezcan limpias.

- **Impacto en Cuba**: Implementar un sistema anticorrupción como el de Singapur permitiría eliminar una de las principales barreras que impiden el desarrollo del país. Con instituciones fuertes y autónomas, la corrupción sería combatida de manera efectiva, restaurando la confianza en el Estado y facilitando el crecimiento económico.

Propuesta: Protección a Denunciantes y Mecanismos de Denuncia Ciudadana

Otro componente esencial en la lucha contra la corrupción es la protección de los denunciantes (whistleblowers). Los ciudadanos que detecten actos de corrupción deben contar con la seguridad de que podrán denunciar esos actos sin temor a represalias.

- **Propuesta para Cuba**: La constitución debe incluir un sistema de protección a los denunciantes, donde se garantice el anonimato y la seguridad de quienes reporten actos de corrupción. También debe haber canales accesibles y seguros para que los ciudadanos puedan denunciar irregularidades, ya sea a través de plataformas digitales o líneas de contacto específicas.

Ejemplo Internacional: Estados Unidos

Estados Unidos cuenta con leyes avanzadas para la protección de los denunciantes, como la Whistleblower Protection Act, que protege a los empleados públicos que denuncian actos de corrupción o irregularidades dentro del gobierno. Además, a través del False Claims Act, se incentiva económicamente a los ciudadanos que denuncian casos de fraude al gobierno.

- **Impacto en Cuba**: Un sistema de protección a los denunciantes y canales accesibles para la denuncia incentivaría a más ciudadanos a involucrarse en la lucha contra la corrupción. Esto haría más difícil que los funcionarios corruptos pudieran operar impunemente.

3. Resultados Esperados de un Sistema Eficaz de Rendición de Cuentas y Transparencia en Cuba

Mejora en la Confianza Pública y el Estado de Derecho

Un sistema de rendición de cuentas transparente no solo disminuye la corrupción, sino que también aumenta la confianza de los ciudadanos en sus instituciones. Cuando los cubanos sientan que sus gobernantes son responsables y que las decisiones son tomadas de manera justa y abierta, la legitimidad del gobierno se fortalecerá.

- **Ejemplo Internacional: Dinamarca**
  - **Dinamarca** es reconocida por su bajo nivel de corrupción y su alto nivel de confianza pública en el gobierno. Esto se ha logrado gracias a un sistema efectivo de rendición de cuentas y transparencia, donde

todas las instituciones públicas deben justificar sus decisiones y el uso de los recursos.

Impacto en el Desarrollo Económico y Social

Un entorno libre de corrupción y basado en la transparencia también es atractivo para la inversión extranjera y el desarrollo económico. Los inversores tienden a confiar más en los países con bajo nivel de corrupción, lo que resulta en más oportunidades de empleo y crecimiento económico.

- **Ejemplo Internacional: Nueva Zelanda**
    - o **Nueva Zelanda** ha sido consistentemente clasificada como uno de los países menos corruptos del mundo, lo que ha permitido una economía estable y próspera. La transparencia en su administración pública y la rendición de cuentas han sido claves para atraer inversión extranjera y fomentar el desarrollo empresarial.

Conclusión: Construir un Sistema de Rendición de Cuentas y Transparencia para el Futuro de Cuba

Para que Cuba avance hacia una sociedad libre, democrática y justa, es imprescindible construir un sistema robusto de rendición de cuentas y transparencia. La creación de instituciones autónomas, la participación ciudadana, y la implementación de mecanismos de control y fiscalización sólidos asegurarán que el poder esté verdaderamente al servicio del pueblo, en lugar de ser una herramienta de enriquecimiento personal o de opresión.

4. Propuestas Adicionales para la Transparencia y Rendición de Cuentas en Cuba

Creación de una Agencia Nacional de Transparencia

- **Propuesta**: Esta agencia será responsable de supervisar todas las acciones del gobierno en términos de contratación pública, uso de recursos, y cumplimiento de la normativa anticorrupción. Además, proporcionará informes públicos accesibles sobre los resultados de las auditorías y las investigaciones, asegurando que el pueblo cubano tenga acceso a información clara y concisa sobre las finanzas y la gestión pública.

- o **Ejemplo Internacional: Reino Unido**

  - En **Reino Unido**, el **National Audit Office** (NAO) es responsable de auditar y reportar sobre el gasto público. Este órgano independiente asegura que los fondos públicos se utilicen de manera eficiente y efectiva, brindando informes accesibles y detallados que promueven la transparencia gubernamental.

- o **Impacto en Cuba**: Crear una **Agencia Nacional de Transparencia** en Cuba permitiría un control más eficiente de los recursos del Estado y aseguraría que los fondos públicos se gestionen de manera transparente y responsable. El pueblo cubano podría ver directamente cómo se utiliza el presupuesto nacional y tener confianza en que sus líderes están siendo fiscalizados.

Leyes de Acceso a la Información

- **Propuesta**: Se deben establecer leyes que garanticen el derecho de los ciudadanos a solicitar información gubernamental. Estas leyes deben incluir mecanismos ágiles para que cualquier ciudadano pueda acceder a documentos oficiales, decisiones de contratación pública, y datos sobre el uso de los recursos del Estado.

  - o **Ejemplo Internacional: México**

    - En México, la Ley General de Transparencia y Acceso a la Información Pública permite a cualquier ciudadano acceder a información del gobierno, lo que ha sido clave para la lucha contra la corrupción y el fortalecimiento de la rendición de cuentas.

- o **Impacto en Cuba**: Implementar una ley de acceso a la información permitiría a los cubanos exigir responsabilidad a los funcionarios públicos, al tener derecho a conocer cómo se toman las decisiones que afectan sus vidas. Esta herramienta es esencial para crear una cultura de transparencia y vigilancia ciudadana.

Programas de Educación Cívica y Transparencia

- **Propuesta**: La lucha contra la corrupción y la promoción de la transparencia deben comenzar en las escuelas y universidades. Se deben implementar programas de **educación cívica** que enseñen a los jóvenes cubanos sobre la importancia de la transparencia, la ética pública, y los derechos civiles, preparando a futuras generaciones para vigilar al poder.

  - o **Ejemplo Internacional: Noruega**

    - En **Noruega**, el sistema educativo incluye programas de educación cívica que enseñan a los estudiantes sobre la importancia de la transparencia y la participación en el sistema democrático. Esto ha fomentado una sociedad más consciente y activa en la fiscalización de sus líderes.

  - o **Impacto en Cuba**: La implementación de programas de educación cívica en Cuba formará a ciudadanos críticos y participativos, que entiendan la importancia de exigir transparencia y rendición de cuentas en el gobierno. Al educar a los jóvenes sobre su papel en la democracia, se fortalecerá la cultura democrática a largo plazo.

5. Ejemplos Claves de Rendición de Cuentas y Transparencia Internacional

Canadá: Integridad en el Sector Público

- Canadá ha implementado el Código de Conducta del Servicio Público, que establece normas claras de integridad para los funcionarios públicos. A través de la Comisión de Ética, los funcionarios públicos deben cumplir con altos estándares de conducta ética, y cualquier violación es investigada y sancionada.

    o Impacto en Cuba: La adopción de un código de conducta similar en Cuba para los funcionarios públicos promovería altos estándares de integridad y aseguraría que aquellos que violen las normas éticas sean sancionados de manera justa y rápida. Esto mejoraría la confianza del pueblo cubano en sus servidores públicos.

Nueva Zelanda: Un Sistema Judicial Independiente

- **Nueva Zelanda** es un país que destaca por la independencia de su sistema judicial, lo que garantiza que las investigaciones de corrupción se lleven a cabo sin interferencias políticas. Su enfoque en la separación de poderes ha permitido que los casos de corrupción se resuelvan de manera imparcial y rápida.

    o Impacto en Cuba: La creación de un sistema judicial verdaderamente independiente garantizaría que las investigaciones de corrupción sean imparciales y no influenciadas por el poder político. Esto aumentaría la confianza en el sistema judicial y permitiría que la corrupción sea combatida de manera efectiva.

6. Resumen Final: Hacia una Cuba Transparente y Libre de Corrupción

El establecimiento de un sistema de rendición de cuentas y transparencia en Cuba es fundamental para construir una sociedad basada en los principios de liberalismo, democracia y anticorrupción. A través de la creación de instituciones autónomas, leyes de acceso a la información, educación cívica y protección a denunciantes, el pueblo cubano podrá fiscalizar a sus líderes y asegurar que los recursos del Estado se utilicen de manera correcta.

Los ejemplos internacionales de Singapur, Noruega, Canadá y Chile demuestran que es posible implementar sistemas robustos de control y supervisión que erradiquen la corrupción y promuevan la transparencia. En un futuro libre y democrático, Cuba puede adoptar estas prácticas y construir un Estado responsable que trabaje para el bienestar de todos sus ciudadanos.

Reflexión Final para el Lector

- ¿Cómo imaginas una Cuba donde todos los ciudadanos puedan acceder libremente a la información gubernamental y exigir cuentas a sus líderes?

- ¿Qué mecanismos de transparencia y rendición de cuentas crees que serían más efectivos para combatir la corrupción en Cuba?

- Si tuvieras la oportunidad de diseñar un sistema de control del poder en Cuba, ¿qué principios considerarías esenciales para asegurar que el gobierno trabaje para el pueblo y no para unos pocos?

La construcción de un sistema político basado en transparencia y rendición de cuentas no solo transformará a Cuba en un país más justo, sino que también devolverá el poder al pueblo, donde siempre debió estar.

Sistema de Justicia y Tribunal Constitucional: Un Pilar del Liberalismo, Democracia y Anticorrupción

El sistema de justicia es uno de los pilares más fundamentales en cualquier sociedad que aspire a ser libre, democrática y transparente. La justicia, cuando es independiente y funciona correctamente, se convierte en la última garantía de que los derechos y libertades fundamentales de los ciudadanos serán respetados, y que el gobierno será controlado bajo el marco legal. El tribunal constitucional o un órgano equivalente, es el guardián supremo de la Constitución, y su función es garantizar que todas las leyes y acciones del Estado estén en concordancia con los principios constitucionales.

1. Mecanismos de Interpretación de la Constitución

La interpretación de la Constitución es una de las tareas más delicadas y fundamentales que tiene un sistema de justicia, especialmente cuando se trata de constituciones basadas en liberalismo, democracia, y **anticorrupción**. Un tribunal constitucional no solo interpreta la ley, sino que también tiene el poder de invalidar cualquier ley o acto que viole los principios fundamentales establecidos en la Constitución.

Principios de la Interpretación Constitucional:

- **Interpretación conforme a los principios democráticos**: Todas las leyes y acciones del gobierno deben estar en conformidad con los principios democráticos, lo que implica que la interpretación de la Constitución debe tener como objetivo fortalecer los derechos individuales, la separación de poderes y el control del poder.

- **Defensa de los derechos fundamentales**: El tribunal constitucional tiene la tarea de asegurar que ningún derecho o libertad fundamental sea socavado por decisiones gubernamentales, leyes o decretos. Esto incluye derechos como la libertad de expresión, libertad de prensa, derecho a la vida, derecho a la privacidad, libertad religiosa, y derecho de reunión y asociación.

- **Interpretación dinámica y contextual**: Un tribunal constitucional debe adaptarse a los tiempos y entender que la sociedad evoluciona. Por lo tanto, las interpretaciones deben tomar en cuenta no solo el contexto original en el que se escribió la Constitución, sino también los cambios en la cultura, las necesidades sociales y los avances tecnológicos.

Ejemplo Internacional: Alemania y su Tribunal Constitucional Federal

El Tribunal Constitucional Federal de Alemania es uno de los tribunales constitucionales más influyentes del mundo. Alemania, después de la Segunda Guerra Mundial, adoptó una constitución que se basaba en los principios de liberalismo y democracia, y el tribunal constitucional ha sido clave en mantener esos principios vivos y en proteger los derechos fundamentales.

- **Función clave**: El tribunal tiene el poder de revisar cualquier ley aprobada por el parlamento y anularla si es incompatible con la Constitución. Además, protege los derechos fundamentales y ha sido un defensor constante de las libertades civiles.

- **Impacto en Cuba**: Crear un tribunal constitucional en Cuba con poderes similares garantizaría que cualquier intento del gobierno de socavar los derechos fundamentales o alterar el equilibrio democrático sea bloqueado. Sería un instrumento para mantener al poder bajo control y proteger al pueblo cubano de cualquier abuso de poder.

2. Funciones del Tribunal Constitucional o Equivalente para Garantizar su Cumplimiento

El **tribunal constitucional** debe ser una institución autónoma e independiente, con funciones claras y poder real para garantizar el cumplimiento de la Constitución y sus principios. Para que este órgano sea efectivo, debe tener ciertas competencias clave que le permitan actuar de manera proactiva y proteger los derechos del pueblo.

Funciones Claves del Tribunal Constitucional:

- **Revisión de constitucionalidad**: El tribunal debe tener el poder de revisar cualquier ley, decreto o acto administrativo y declarar su invalidez si va en contra de la Constitución. Esto asegura que todas las decisiones gubernamentales respeten los principios constitucionales.

- **Protección de derechos fundamentales**: Además de la revisión de leyes, el tribunal constitucional debe estar encargado de proteger los derechos fundamentales de los ciudadanos, proporcionando un recurso para aquellos que consideren que sus derechos han sido violados por el Estado.

- **Resolución de conflictos de poder**: El tribunal debe intervenir en casos de conflicto entre los diferentes poderes del Estado (ejecutivo, legislativo y judicial) para garantizar que el equilibrio de poder se mantenga. Esto es esencial en una sociedad democrática, ya que previene la concentración de poder en un solo órgano o individuo.

- **Garantía de transparencia**: El tribunal debe asegurar que todas sus decisiones sean públicas y fundamentadas en la ley, promoviendo así la transparencia y la rendición de cuentas.

Ejemplo Internacional: Tribunal Constitucional de España

El Tribunal Constitucional de España juega un rol fundamental en garantizar que las leyes y actos del gobierno estén en conformidad con la Constitución. Al ser un país democrático con una historia de lucha contra la dictadura, la protección de los derechos fundamentales es crucial en España.

- **Función clave**: En España, cualquier ciudadano puede presentar un recurso ante el tribunal constitucional si cree que sus derechos fundamentales han sido violados por el Estado. Esto ha permitido a los ciudadanos tener un acceso directo a la justicia constitucional, reforzando la protección de las libertades civiles.

- **Impacto en Cuba**: En un Cuba libre y democrática, establecer un sistema donde los ciudadanos puedan acudir directamente al tribunal constitucional para defender sus derechos garantizaría un control fuerte contra los abusos de poder. Además, la independencia de este tribunal sería crucial para evitar que los intereses políticos manipulen las leyes.

3. La Independencia Judicial como Base de la Justicia Constitucional

Para que un tribunal constitucional pueda funcionar efectivamente, debe ser completamente independiente de los otros poderes del Estado, en particular del ejecutivo. La independencia judicial es uno de los pilares del liberalismo y la democracia, ya que asegura que la ley sea aplicada de manera imparcial y justa.

Aspectos Fundamentales de la Independencia Judicial:

- **Autonomía financiera y administrativa**: El tribunal constitucional debe tener autonomía en su gestión financiera y administrativa, para evitar que el gobierno manipule sus decisiones mediante control presupuestario o administrativo.

- **Nombramiento de jueces**: Los jueces del tribunal constitucional deben ser nombrados mediante un proceso transparente y meritocrático, evitando que se nombren jueces alineados políticamente. Además, su mandato debe ser largo y protegido, para garantizar que puedan actuar sin presiones políticas.

- **Inmunidad judicial**: Los jueces deben estar protegidos legalmente de represalias por las decisiones que tomen, lo que les permite actuar con libertad y en conformidad con la Constitución.

Ejemplo Internacional: Tribunal Supremo de los Estados Unidos

El **Tribunal Supremo de los Estados Unidos** es un ejemplo clásico de un tribunal que, aunque enfrenta desafíos, ha jugado un rol crucial en la interpretación constitucional y en la defensa de los derechos fundamentales. Este tribunal tiene un amplio poder para declarar inconstitucionales las leyes federales o estatales, protegiendo así las libertades individuales.

- **Impacto en Cuba**: Un tribunal constitucional cubano que goce de independencia similar al Tribunal Supremo de EE. UU. sería esencial para garantizar que el país no caiga nuevamente en un régimen autoritario o corrupto. Esta independencia judicial protegería los derechos fundamentales del pueblo cubano y evitaría la interferencia política en los asuntos de justicia.

4. Ejemplo Adicional: Tribunal Constitucional de Chile

Chile ha sido un país que, después de años de dictadura, ha logrado fortalecer sus instituciones democráticas y establecer un tribunal constitucional independiente. Este tribunal ha jugado un rol clave en garantizar que las reformas postdictadura respeten los principios democráticos.

- **Función clave**: El tribunal ha sido fundamental para asegurar que las reformas económicas y políticas que Chile ha implementado en su transición democrática sean compatibles con la Constitución. En particular, ha sido una herramienta vital para garantizar que los derechos de propiedad, la libre empresa y los derechos laborales sean protegidos.

- **Impacto en Cuba**: En un futuro democrático para Cuba, un tribunal constitucional independiente similar al de Chile podría asegurar que las reformas políticas y económicas respeten los derechos fundamentales y los principios democráticos, evitando cualquier intento de concentración de poder o violación de derechos.

Conclusión: Hacia un Sistema de Justicia Constitucional Sólido para Cuba

El **tribunal constitucional** y el **sistema de justicia independiente** serán los pilares esenciales de una Cuba libre y democrática. A través de mecanismos sólidos de interpretación constitucional, la protección de los derechos fundamentales y la independencia judicial, este sistema asegurará que el poder sea controlado, y que los derechos del pueblo cubano sean siempre respetados.

Los ejemplos internacionales de **Alemania, España, Estados Unidos** y Chile demuestran que es posible establecer un sistema de justicia constitucional fuerte que funcione como el último bastión de la democracia y la libertad. En un Cuba democrático, estos principios garantizarán que el país nunca más vuelva a caer en manos de la opresión o la dictadura.

Reflexión para el Lector:

- ¿Qué principios de un sistema de justicia constitucional crees que son más importantes para asegurar la protección de los derechos del pueblo cubano?

- ¿Cómo imaginas un tribunal constitucional que proteja los intereses del pueblo frente a posibles abusos de poder?

Derechos Laborales y Sociales: Un Pilar en la Propuesta Constitucional

Los derechos laborales y sociales son fundamentales en cualquier Constitución moderna y justa, ya que garantizan el bienestar de los trabajadores y aseguran condiciones de trabajo dignas. Basándose en los principios de liberalismo, democracia y anticorrupción, una Constitución debe proteger los derechos de los trabajadores, garantizar igualdad de oportunidades y establecer un marco que permita a los ciudadanos gozar de una vida laboral segura y satisfactoria. Este enfoque es esencial para promover un equilibrio entre el desarrollo económico y el bienestar social.

1. Normas sobre el Trabajo, el Derecho a la Huelga y las Condiciones Laborales

El derecho al trabajo y a condiciones laborales justas es esencial para construir una sociedad próspera y equitativa. En un contexto cubano basado en el liberalismo y la democracia, la libertad de los trabajadores para organizarse, protestar pacíficamente y negociar colectivamente es clave para proteger sus intereses y asegurar que el mercado laboral sea justo y equitativo.

Derecho al Trabajo

- **Principio fundamental**: El derecho al trabajo asegura que cada persona tenga acceso a un empleo digno, con igualdad de condiciones y oportunidades. Esto incluye el acceso a empleos bien remunerados, seguros y con condiciones justas.

- **Aplicación en una Cuba democrática**: La Constitución cubana debe garantizar que todos los ciudadanos tengan acceso a empleos sin discriminación por razón de género, raza, religión o afiliación política. Este derecho debe incluir mecanismos que promuevan la inclusión de grupos tradicionalmente marginados en el mercado laboral.

Derecho a la Huelga

- **Definición**: El derecho a la huelga es una herramienta fundamental para que los trabajadores puedan expresar su descontento con las condiciones laborales y exigir mejores términos. Un sistema democrático y basado en el liberalismo debe proteger este derecho como una forma de asegurar la justicia social.

- **Ejemplo Internacional: Francia**

En **Francia**, el derecho a la huelga está profundamente arraigado en la cultura laboral. La huelga es reconocida como un derecho constitucional y ha sido utilizada históricamente para mejorar las condiciones laborales y luchar por los derechos de los trabajadores. La capacidad de los trabajadores franceses para organizar huelgas ha llevado a reformas laborales significativas, como la reducción de la jornada laboral a 35 horas semanales.

  - **Impacto en Cuba**: En un futuro democrático para Cuba, proteger el derecho a la huelga permitirá a los trabajadores luchar contra abusos en el lugar de trabajo y exigir condiciones más justas. Este derecho también asegurará que los empleadores respeten los acuerdos laborales y las normas de seguridad, creando un equilibrio entre el capital y la mano de obra.

Condiciones Laborales

- **Definición**: Las condiciones laborales deben garantizar que los trabajadores disfruten de un ambiente de trabajo seguro, justo y saludable. Esto incluye la seguridad laboral, salarios dignos, horarios justos, acceso a descansos y protecciones contra el acoso y la explotación.

- **Ejemplo Internacional: Dinamarca**

En **Dinamarca**, el sistema de flexiguridad equilibra la flexibilidad laboral con la seguridad social. Esto permite a las empresas adaptarse a los cambios del mercado mientras los trabajadores gozan de un alto nivel de protección, salarios dignos y derechos laborales sólidos. La negociación colectiva también es una herramienta clave para garantizar condiciones laborales justas.

  - **Impacto en Cuba**: Aplicar un modelo similar en Cuba garantizaría que los trabajadores no solo tengan empleos, sino que estos empleos sean dignos y respeten sus derechos. Un sistema de flexiguridad permitiría a las empresas crecer y adaptarse a la economía global sin sacrificar los derechos fundamentales de los trabajadores.

2. Protección a los Trabajadores y Garantía de Igualdad de Oportunidades

En un sistema basado en los principios de liberalismo y democracia, es fundamental que todos los ciudadanos tengan igualdad de oportunidades en el acceso al empleo y que se les proteja contra la explotación, el abuso y la discriminación.

Protección a los Trabajadores

- **Principio fundamental**: Los trabajadores deben ser protegidos no solo en su lugar de trabajo, sino también en su derecho a organizarse, afiliarse a sindicatos y recibir asistencia en caso de accidentes o desempleo. Además, los trabajadores deben estar protegidos contra el despido injustificado y cualquier forma de discriminación.

- **Ejemplo Internacional: Alemania**

En **Alemania**, la **cogestión empresarial** permite que los trabajadores formen parte de las juntas directivas de las empresas, asegurando que sus intereses estén representados en las decisiones corporativas. Además, el sistema de protección laboral en Alemania garantiza que los trabajadores reciban beneficios sociales y tengan acceso a tribunales laborales para resolver disputas.

  o **Impacto en Cuba**: Implementar un sistema similar en Cuba proporcionaría a los trabajadores mayor seguridad laboral y les permitiría tener una voz en la gestión empresarial. La inclusión de los trabajadores en las decisiones corporativas contribuiría a una mayor equidad y justicia en el lugar de trabajo.

Igualdad de Oportunidades

- **Definición**: La **igualdad de oportunidades** significa que todas las personas tienen acceso a los mismos recursos y derechos, independientemente de su origen socioeconómico, género, raza, religión o cualquier otra característica.

- **Ejemplo Internacional: Suecia**

En **Suecia**, la legislación laboral y social promueve la igualdad de género y la equidad en el lugar de trabajo. Las políticas de permisos parentales equitativos, que garantizan a los padres, tanto hombres como mujeres, igual acceso al cuidado de sus hijos, son un ejemplo de cómo Suecia busca asegurar la igualdad de oportunidades en el ámbito laboral.

   o **Impacto en Cuba**: Promover la igualdad de oportunidades en Cuba no solo garantizaría que todos los ciudadanos tengan acceso a empleos dignos, sino que también fomentaría una mayor inclusión de mujeres y grupos marginados en el mercado laboral. La creación de políticas similares a las suecas fomentaría un entorno laboral más justo y equilibrado.

3. Normas de Seguridad Laboral y Protección contra la Discriminación

El respeto a la seguridad laboral y la protección contra la discriminación son pilares fundamentales en una sociedad que promueve los valores democráticos y liberales.

Seguridad Laboral

- **Definición**: La seguridad laboral implica que los lugares de trabajo deben cumplir con las normativas para proteger a los trabajadores de accidentes, enfermedades laborales y otras formas de daño. Los empleadores deben garantizar condiciones seguras mediante la implementación de regulaciones y estándares internacionales.

• **Ejemplo Internacional: Canadá**

En **Canadá**, las leyes de seguridad laboral son rigurosamente aplicadas, y los trabajadores tienen el derecho de rehusarse a realizar trabajos que consideren inseguros. La normativa exige que los empleadores proporcionen un ambiente de trabajo seguro, y existen agencias gubernamentales dedicadas a inspeccionar y hacer cumplir las leyes de seguridad laboral.

o **Impacto en Cuba**: Adoptar un enfoque similar en Cuba aseguraría que los trabajadores no solo disfruten de empleos dignos, sino que también estén protegidos de riesgos laborales innecesarios. Esto aumentaría la productividad, reduciría los accidentes laborales y mejoraría el bienestar general de los trabajadores.

Protección contra la Discriminación

• **Definición**: La **protección contra la discriminación** garantiza que los trabajadores no sean tratados injustamente debido a su raza, género, religión, orientación sexual u origen étnico. Las leyes deben prohibir cualquier forma de discriminación en el lugar de trabajo y garantizar sanciones para quienes violen estas normativas.

• **Ejemplo Internacional: Noruega**

En **Noruega**, el enfoque en la igualdad y la no discriminación es central en su legislación laboral. Las leyes garantizan que las mujeres y los hombres reciban el mismo salario por el mismo trabajo, y se prohíbe estrictamente cualquier forma de discriminación en el lugar de trabajo.

> o **Impacto en Cuba**: En un sistema cubano democrático, una fuerte legislación antidiscriminación garantizaría que todos los ciudadanos, independientemente de su identidad, tengan acceso a oportunidades laborales justas. Esto contribuiría a la cohesión social y reduciría las tensiones derivadas de la exclusión o la discriminación.

Conclusión: Hacia un Futuro de Justicia Laboral y Social en Cuba

La implementación de derechos laborales basados en los principios de liberalismo, democracia y anticorrupción transformará el mercado laboral cubano. Un sistema que proteja los derechos de los trabajadores permita la huelga, garantice condiciones laborales justas y promueva la igualdad de oportunidades no solo mejorará el bienestar de los trabajadores, sino que también aumentará la productividad y la cohesión social.

Los ejemplos de **Francia**, **Dinamarca**, **Alemania**, **Suecia**, **Canadá** y **Noruega** muestran que es posible crear un sistema laboral que proteja los derechos de los trabajadores y, al mismo tiempo, permita el crecimiento económico. Estos países han logrado altos niveles de justicia social y equidad gracias a sus sólidos marcos legales, y un sistema cubano basado en estos principios llevaría a la nación hacia un futuro de prosperidad y justicia.

Reflexión para el lector:

- ¿Qué principios laborales crees que deberían tener más peso en una futura constitución cubana?

- ¿Cómo piensas que un sistema que proteja a los trabajadores y garantice la igualdad de oportunidades impactaría en el desarrollo económico de Cuba?

Subcapítulo 18:

Ambiente y Recursos Naturales: Un Pilar de Sostenibilidad en la Constitución

La protección del medio ambiente y la gestión responsable de los recursos naturales son elementos esenciales en una constitución moderna, sobre todo en un mundo donde el cambio climático y la degradación ambiental amenazan tanto la salud del planeta como la calidad de vida de las personas. En una Cuba futura, basada en los principios de liberalismo, democracia y anticorrupción, la protección del medio ambiente debe ser prioritaria para garantizar un desarrollo sostenible que respete tanto los derechos de las generaciones presentes como futuras.

1. Protección del Medio Ambiente y los Recursos Naturales

El liberalismo y la democracia no solo promueven la libertad individual y la igualdad de oportunidades, sino que también reconocen la importancia de proteger los bienes comunes, como el medio ambiente. Sin un ambiente saludable, no es posible garantizar una verdadera calidad de vida. Por lo tanto, la protección de los ecosistemas, los recursos hídricos, la biodiversidad y la atmósfera debe formar parte de los principios constitucionales.

Principio de Protección Ambiental

- **Definición**: La protección del medio ambiente implica preservar los ecosistemas naturales, prevenir la contaminación y promover la conservación de los recursos para las futuras generaciones. Las actividades económicas deben alinearse con prácticas responsables y sostenibles que minimicen el impacto ambiental.

-

- **Ejemplo Internacional: Costa Rica**

Costa Rica es un modelo de éxito en la protección del medio ambiente. Desde 1948, el país abolió su ejército y redirigió sus recursos hacia la protección del ambiente y la educación. Actualmente, más del 25% del territorio de Costa Rica está protegido como parques nacionales o reservas. Además, el país ha invertido en energía renovable, logrando que más del 98% de su electricidad provenga de fuentes limpias, como la energía hidroeléctrica, solar y eólica.

  - **Impacto en Cuba**: Cuba, con su riqueza natural y biodiversidad, podría implementar políticas similares, protegiendo sus recursos naturales y fomentando el ecoturismo como una fuente de ingresos. La creación de áreas protegidas, junto con la inversión en energía limpia, garantizaría que el crecimiento económico no se lograra a expensas del medio ambiente.

Recursos Naturales y Explotación Responsable

- **Principio**: Los recursos naturales, como los minerales, el agua, los bosques y los suelos fértiles, deben ser gestionados de manera sostenible. Esto significa que la explotación de estos recursos debe equilibrar las necesidades económicas con la responsabilidad ambiental, evitando el agotamiento de estos y preservando su viabilidad para el futuro.

- **Ejemplo Internacional: Noruega**

Noruega es un ejemplo de cómo la explotación de recursos naturales puede gestionarse de manera sostenible. Aunque es uno de los principales productores de petróleo del mundo, Noruega ha creado el Fondo de Pensiones del Gobierno (conocido como el Fondo Soberano), donde invierte los ingresos de la explotación petrolera para garantizar el bienestar futuro de sus ciudadanos. Además, Noruega tiene regulaciones estrictas para minimizar el impacto ambiental de la extracción de petróleo y gas, invirtiendo en tecnologías más limpias y fomentando la investigación en energías renovables.

- **Impacto en Cuba:** Un enfoque similar en Cuba, donde los ingresos de la explotación de recursos como el níquel o el petróleo fueran gestionados con transparencia y responsabilidad, podría asegurar el desarrollo sostenible y proporcionar fondos para la educación, la salud y la infraestructura. Al mismo tiempo, se debe establecer un marco legal que limite el impacto ambiental y promueva el uso de tecnologías limpias.

2. Normas para el Desarrollo Sostenible

El desarrollo sostenible implica satisfacer las necesidades presentes sin comprometer la capacidad de las generaciones futuras de satisfacer las suyas. En términos prácticos, esto significa equilibrar el crecimiento económico con la protección ambiental y la justicia social, asegurando que el desarrollo beneficie a todos los sectores de la sociedad sin deteriorar el medio ambiente.

Energía Renovable y Reducción de Emisiones

- **Principio**: La transición hacia fuentes de energía renovable es una de las herramientas más efectivas para combatir el cambio climático. Un sistema basado en el liberalismo democrático debe promover políticas que incentiven el desarrollo de energía limpia, reduciendo la dependencia de combustibles fósiles.

- **Ejemplo Internacional: Alemania**

Alemania, a través de su política de Energiewende (transición energética), ha sido líder en la transición hacia las energías renovables. El país ha invertido fuertemente en energía solar y eólica, logrando que más del 40% de su electricidad provenga de estas fuentes. Además, Alemania ha implementado incentivos fiscales y subsidios para fomentar la inversión en tecnologías limpias.

  - **Impacto en Cuba**: En Cuba, la inversión en energía solar y biomasa podría ser una solución viable, dado su clima favorable y la abundancia de residuos agrícolas que pueden ser utilizados para la generación de energía. Al reducir su dependencia de combustibles fósiles, Cuba podría también reducir su huella de carbono y mejorar la calidad del aire, beneficiando tanto a los ciudadanos como al medio ambiente.

Agricultura Sostenible y Protección de la Biodiversidad

- **Principio**: La agricultura sostenible es clave para asegurar la seguridad alimentaria sin dañar los suelos, los recursos hídricos y los ecosistemas naturales. Las prácticas agrícolas deben centrarse en la reducción de pesticidas tóxicos, la rotación de cultivos y el uso responsable del agua.
- **Ejemplo Internacional: Países Bajos**

Países Bajos es uno de los mayores exportadores de productos agrícolas en el mundo, a pesar de su tamaño reducido. Lo han logrado adoptando prácticas de agricultura sostenible, como el uso de invernaderos con sistemas de energía solar y tecnologías avanzadas de reciclaje de agua. La innovación agrícola holandesa ha demostrado que es posible alimentar a una población en crecimiento sin destruir el medio ambiente.

- o **Impacto en Cuba**: Implementar prácticas agrícolas sostenibles en Cuba podría aumentar la productividad agrícola sin degradar los suelos y sin depender de fertilizantes y pesticidas costosos y contaminantes. Cuba tiene el potencial para convertirse en un líder en agricultura orgánica y ecológica, lo cual también podría atraer mercados internacionales interesados en productos sostenibles y de alta calidad.

Urbanización Sostenible

- **Principio**: La planificación urbana debe centrarse en la construcción de ciudades que minimicen el impacto ambiental, promuevan el uso de transportes limpios y aseguren acceso a áreas verdes y una calidad de vida alta para los ciudadanos.

- **Ejemplo Internacional: Singapur**

Singapur es un líder en urbanización sostenible. A pesar de ser uno de los países más densamente poblados del mundo, ha logrado integrar grandes áreas verdes, promover el uso de transporte público eficiente y desarrollar edificios inteligentes que consumen menos energía. El modelo de Singapur de ciudades inteligentes se basa en un enfoque integral que considera tanto el crecimiento económico como el bienestar ambiental y social.

o **Impacto en Cuba**: Cuba podría aprender de Singapur en términos de desarrollo urbano sostenible. Las ciudades cubanas, muchas de las cuales están en deterioro, podrían ser rediseñadas para promover la eficiencia energética, con infraestructura que fomente el uso de transporte público, la construcción de edificios ecológicos y la integración de espacios verdes. Esto no solo mejoraría la calidad de vida de los cubanos, sino que también reduciría el impacto ambiental de la urbanización.

Hacia un Futuro Verde y Sostenible para Cuba

La implementación de políticas ambientales en una Cuba democrática basada en los principios de liberalismo y anticorrupción no solo asegurará la protección del medio ambiente, sino que también creará las condiciones para un desarrollo económico sostenible. La transparencia y la gestión responsable de los recursos naturales son esenciales para evitar la corrupción y el abuso de poder, y para garantizar que los beneficios del desarrollo sean distribuidos equitativamente entre todos los ciudadanos.

Costa Rica, **Noruega**, **Alemania**, **Países Bajos** y **Singapur** demuestran que es posible conciliar el crecimiento económico con la protección del medio ambiente. Estos países han implementado con éxito políticas que promueven el uso de energías limpias, la conservación de los recursos naturales y el desarrollo sostenible, sirviendo como modelos a seguir para Cuba.

Reflexión para el lector:

- ¿Cómo crees que un enfoque de desarrollo sostenible podría transformar la economía y la sociedad cubana?
- ¿Qué papel crees que jugaría la protección del medio ambiente en mejorar la calidad de vida en Cuba?

Subcapítulo 19:

Derecho Internacional y Principios de Política Exterior en la Constitución.

En una constitución basada en liberalismo, democracia y anticorrupción, es fundamental establecer las bases para la relación del país con el derecho internacional y definir los principios que guiarán su política exterior. El derecho internacional establece las normas y obligaciones que los Estados aceptan a través de tratados y acuerdos, mientras que la política exterior define la manera en que una nación se relaciona con otras, persigue sus intereses y participa en la comunidad internacional. A continuación, se desarrollan los aspectos clave de este punto, incluyendo ejemplos de países que han implementado con éxito estos principios.

1. Relación de la Constitución con los Tratados y Normas Internacionales

La constitución debe establecer claramente cómo el país se compromete con los tratados internacionales y cuál es su relación con las leyes internas. Esto implica decidir si los tratados internacionales tienen primacía sobre la legislación nacional o si deben ser incorporados mediante leyes internas.

Primacía de los Tratados Internacionales

- Principio: La constitución puede establecer que los tratados internacionales ratificados por el país tengan una jerarquía superior a las leyes nacionales, asegurando que los compromisos internacionales sean respetados y aplicados directamente en el marco legal interno.

- **Ejemplo Internacional: Francia**

En Francia, la constitución de 1958 establece que los tratados internacionales ratificados tienen una jerarquía superior a las leyes nacionales, lo que significa que, si una ley francesa contradice un tratado internacional, el tratado prevalece. Este principio garantiza que Francia respete sus compromisos internacionales en materia de derechos humanos, comercio, y otras áreas clave.

   o Impacto en Cuba: Adoptar este enfoque en una Cuba democrática permitiría asegurar que los tratados internacionales, especialmente aquellos relacionados con los derechos humanos, el medio ambiente, y el comercio, sean plenamente respetados. Esto también fortalecería la confianza internacional en el compromiso de Cuba con las normas globales.

Incorporación Legislativa de los Tratados

- Principio: En algunos sistemas, los tratados internacionales deben ser ratificados y luego incorporados a la legislación nacional mediante leyes específicas. Esto asegura que el parlamento o congreso tenga un rol activo en la adaptación de los compromisos internacionales al contexto interno.
- Ejemplo Internacional: Reino Unido

En el Reino Unido, los tratados internacionales no tienen un efecto directo hasta que el parlamento los incorpora a la ley nacional. Esto refleja el sistema de soberanía parlamentaria, donde las decisiones internacionales deben ser adaptadas al contexto legal británico a través de un proceso legislativo. Sin embargo, el Reino Unido sigue firmemente comprometido con sus obligaciones internacionales a través de este mecanismo.

- o Impacto en Cuba: Un enfoque similar podría implementarse en Cuba, donde los tratados internacionales deben ser ratificados y posteriormente incorporados por la Asamblea Nacional, asegurando que las normas internacionales se adapten al contexto nacional, respetando la soberanía y el proceso democrático.

2. Definición de los Principios de la Política Exterior

La política exterior de un país debe basarse en principios claros y coherentes con los valores establecidos en su constitución. En una Cuba basada en el liberalismo, la democracia y la anticorrupción, los principios de la política exterior deben promover la cooperación internacional, el respeto a los derechos humanos, la no intervención, y el multilateralismo.

Principios de Cooperación Internacional

- Principio: La política exterior debe fomentar la cooperación con otros países, basada en el respeto mutuo, la paz y la promoción de la democracia y los derechos humanos. Los acuerdos internacionales, las alianzas y la participación en organizaciones multilaterales son herramientas clave para lograr este objetivo.
- Ejemplo Internacional: Noruega

Noruega se ha destacado por su política exterior de cooperación internacional y su fuerte compromiso con el multilateralismo y la ayuda internacional. El país ha desempeñado un papel clave en la mediación de conflictos internacionales y ha promovido los derechos humanos a través de organizaciones como las Naciones Unidas. Noruega también destina una parte significativa de su PIB a la ayuda al desarrollo, contribuyendo a la paz y la estabilidad global.

- o Impacto en Cuba: Un enfoque similar en Cuba promovería la participación del país en organismos internacionales como la ONU, la OEA y otras instituciones multilaterales, fomentando el diálogo y la resolución pacífica de conflictos. Además, Cuba podría desempeñar un papel más proactivo en la diplomacia regional en América Latina y el Caribe, promoviendo los valores democráticos y los derechos humanos.

Respeto a los Derechos Humanos y la Democracia

- Principio: La política exterior debe estar alineada con los principios de derechos humanos y democracia que se promueven internamente. Esto incluye apoyar movimientos internacionales que defiendan estos valores y rechazar gobiernos o prácticas que violen los derechos fundamentales.
- Ejemplo Internacional: Canadá

Canadá ha adoptado una política exterior que prioriza la promoción de los derechos humanos y la democracia en el escenario internacional. El país ha sido un defensor clave de los derechos de las mujeres, los pueblos indígenas, y las minorías en todo el mundo. A través de su participación en organismos multilaterales, Canadá ha trabajado para fortalecer la justicia global y la igualdad.

- o Impacto en Cuba: En una Cuba democrática, los principios de política exterior deben alinearse con la defensa de los derechos humanos y la democracia. Esto podría significar apoyar iniciativas globales para proteger a las minorías, promover la libertad de expresión, y fomentar la transparencia y el estado de derecho en las relaciones internacionales.

No Intervención y Soberanía Nacional

- Principio: La política exterior debe respetar la soberanía de otros Estados y adherirse al principio de no intervención en los asuntos internos de otras naciones. Esto promueve el respeto mutuo y la coexistencia pacífica entre los países.
- Ejemplo Internacional: Suiza

Suiza es conocida por su política de neutralidad y no intervención en conflictos internacionales. Aunque no se involucra directamente en conflictos armados, Suiza ha jugado un papel central en la diplomacia internacional, sirviendo como mediador y facilitador en negociaciones de paz y promoviendo el respeto a la soberanía de los Estados. Esta postura le ha permitido mantener relaciones pacíficas con otros países y ser un punto de encuentro para la diplomacia.

   o Impacto en Cuba: Cuba, como parte de una comunidad internacional basada en el respeto mutuo, podría adoptar un enfoque similar al de Suiza, promoviendo la no intervención y sirviendo como un actor diplomático para resolver conflictos en la región. Al mismo tiempo, este enfoque aseguraría que Cuba mantenga su soberanía en sus relaciones internacionales, protegiéndose de influencias externas indebidas.

Multilateralismo y Participación en Organismos Internacionales

- Principio: El multilateralismo debe ser un principio rector en la política exterior, lo que significa que los problemas globales se abordan colectivamente a través de la cooperación internacional. Cuba debe comprometerse activamente con organizaciones multilaterales para buscar soluciones comunes a los desafíos globales como el cambio climático, la migración y los derechos humanos.

- Ejemplo Internacional: Alemania

Alemania es uno de los principales defensores del multilateralismo, promoviendo la cooperación internacional a través de instituciones como la ONU, la Unión Europea, y la OTAN. Este enfoque ha permitido a Alemania tener una voz fuerte en la solución de problemas globales como el cambio climático y la seguridad internacional, mientras promueve los valores democráticos y los derechos humanos.

   o Impacto en Cuba: Cuba puede beneficiarse enormemente de una política exterior que promueva el multilateralismo, participando activamente en foros internacionales para enfrentar desafíos regionales y globales. Esto permitiría a Cuba fortalecer sus relaciones internacionales y garantizar su integración en la comunidad global de naciones.

Conclusión: Derecho Internacional y Política Exterior para una Cuba Democrática

La relación entre la constitución cubana y el derecho internacional es crucial para garantizar que Cuba sea un actor responsable y respetuoso de las normas internacionales. Al adoptar un enfoque basado en el respeto de los tratados internacionales, el multilateralismo y el compromiso con los derechos humanos, Cuba podrá mejorar su reputación internacional y participar activamente en la resolución de problemas globales.

Los ejemplos de países como Francia, Noruega, Canadá, Suiza y Alemania muestran cómo una política exterior basada en los principios del liberalismo y la democracia puede ser exitosa. Estas naciones han demostrado que una participación en el derecho internacional, junto con la promoción de la cooperación y el respeto mutuo, puede conducir a relaciones internacionales más estables y beneficiosas para todos.

Reflexión para el lector:

- ¿Cómo crees que la participación de Cuba en el sistema de derecho internacional podría mejorar su relación con otras naciones?
- ¿Qué importancia tiene para ti que Cuba adopte una política

Capítulo 7:

Resumen Completo de la Propuesta de Constitución Basada en Liberalismo, Democracia y Anticorrupción

La propuesta de una Constitución moderna para Cuba, fundamentada en los principios del Liberalismo, la Democracia y la Anticorrupción, representa una guía esperanzadora para el futuro de la nación. En su esencia, esta propuesta busca sentar las bases para un sistema político, económico y social que garantice los derechos y libertades individuales, la transparencia gubernamental, y el desarrollo económico sostenible, permitiendo que los ciudadanos cubanos puedan vivir con dignidad, prosperidad y libertad.

Los Principios Fundamentales

1. **Liberalismo:**
   - Se promueve un sistema que pone en el centro la libertad individual, el derecho a la propiedad privada, y el mercado libre como motor de desarrollo.
   - La libertad de expresión, prensa, reunión, asociación y religión son derechos inalienables garantizados para todos los ciudadanos. Estos principios aseguran que cada individuo pueda ejercer su libertad sin miedo a la censura o represión.

2. **Democracia:**
   - La democracia es la piedra angular de este nuevo sistema. El poder reside en el pueblo, quien elige a sus representantes en elecciones libres, justas y periódicas.

El principio de soberanía popular establece que el gobierno debe reflejar la voluntad de los ciudadanos.

- o Se garantiza la separación de poderes entre el ejecutivo, legislativo y judicial, lo que evita la concentración del poder y promueve el equilibrio institucional.
- o El Estado de Derecho asegura que todos, incluido el gobierno, estén sujetos a la ley. Las leyes deben ser transparentes, predecibles, y aplicables por igual para todos.

3. **Anticorrupción**:

- o La lucha contra la corrupción es uno de los pilares fundamentales de esta propuesta constitucional. Se implementan mecanismos estrictos de transparencia y rendición de cuentas en todas las esferas del gobierno, desde la administración pública hasta las fuerzas armadas y el sistema judicial.
- o Se establecen instituciones independientes que supervisan el manejo de los recursos públicos y se asegura que los funcionarios rindan cuentas de sus acciones ante la ciudadanía.
- o El enfoque en la transparencia y el acceso público a la información gubernamental es clave para erradicar las prácticas corruptas y restaurar la confianza en las instituciones públicas.

Aspectos Clave de la Propuesta Constitucional

1. **Derechos y Libertades Fundamentales**:

- o Se garantiza la libertad de expresión, la libertad de prensa, el derecho a la vida y a la privacidad, junto con la libertad religiosa y el derecho al debido proceso. Estos derechos son esenciales para construir una sociedad libre donde todos puedan expresarse y participar en el proceso democrático sin temor a represalias.

2. **Estructura del Gobierno:**
   - o La propuesta constitucional establece una separación clara de poderes. El Poder Ejecutivo tiene funciones delimitadas, con un presidente electo responsable de la dirección del gobierno. El Poder Legislativo es bicameral, con un congreso o parlamento representando a la diversidad de opiniones políticas del país. El Poder Judicial es independiente y encargado de interpretar la constitución y garantizar su cumplimiento.

3. **Proceso Electoral:**
   - o Las elecciones son libres, justas y transparentes, con una supervisión independiente para garantizar que se refleje la verdadera voluntad popular. Se asegura el derecho al voto para todos los ciudadanos y se establecen organismos que supervisan la integridad del proceso electoral.

4. **Participación Ciudadana:**
   - o El derecho a referendos, iniciativas populares y la protesta pacífica son elementos fundamentales en este sistema. Estos mecanismos permiten que los ciudadanos participen activamente en la toma de decisiones políticas y ejerzan su voz en asuntos de interés nacional.

5. **Descentralización y Autonomía:**
   - o Se promueve la autonomía regional y local, permitiendo que los gobiernos locales tengan mayor control sobre los asuntos que afectan directamente a sus comunidades. Esto mejora la eficiencia gubernamental y asegura que las decisiones sean tomadas cerca de las necesidades de la población.

6. **Protección de Minorías:**
   - o Se garantiza la igualdad de oportunidades y la protección contra la discriminación para grupos étnicos, religiosos, y culturales minoritarios. El respeto por la diversidad es esencial para construir una sociedad inclusiva donde todos puedan prosperar.

7. **Economía y Derechos Laborales**:
   - El sistema económico propuesto se basa en un **mercado** libre que respeta el derecho a la propiedad privada, pero con regulaciones que aseguran la justicia social y la protección de los derechos laborales. Se promueven condiciones laborales justas y se garantiza el derecho a la huelga y la igualdad de oportunidades en el empleo.
8. **Seguridad Nacional y Defensa**:
   - Se establece un sistema de defensa nacional que protege la soberanía del país y respeta los derechos humanos. Las fuerzas armadas deben estar al servicio del pueblo, garantizando la seguridad sin ser utilizadas para la represión.
9. **Ambiente y Desarrollo Sostenible**:
   - La constitución propone la protección del medio ambiente y el uso sostenible de los recursos naturales, asegurando que el desarrollo económico no comprometa la salud ambiental y el bienestar de futuras generaciones.
10. **Reforma Constitucional**:
    - Se establecen procedimientos claros para la reforma de la constitución, permitiendo que los ciudadanos y las instituciones participen activamente en cualquier proceso de cambio constitucional. El pueblo tiene el derecho de modificar su constitución para adaptarla a los cambios sociales y políticos de la época.

El Impacto en Cuba y los Ciudadanos

Esta propuesta de constitución no es solo un documento legal; es una hoja de ruta para el futuro de Cuba. En un país donde la libertad ha sido suprimida por décadas, esta constitución ofrece un faro de esperanza para todos los cubanos, tanto dentro como fuera de la isla. Es una invitación para que el pueblo cubano recupere el control de su destino y construya un país donde la libertad, la justicia y el progreso sean posibles.

- **Esperanza de Cambio Real**: Esta constitución trae consigo la promesa de un cambio profundo y significativo. Las libertades fundamentales garantizarán que cada cubano pueda expresar sus opiniones, practicar su fe, y participar activamente en la vida política.
- **Empoderamiento Ciudadano**: A través de los mecanismos de participación ciudadana, los cubanos tendrán la oportunidad de decidir el rumbo de su nación y velar por la transparencia y la rendición de cuentas de sus líderes.
- **Crecimiento Económico**: El respeto a la propiedad privada y la promoción de un mercado libre traerán prosperidad a la nación, creando oportunidades de trabajo y mejorando el nivel de vida de la población. Un sistema económico dinámico y justo permitirá a Cuba integrarse al mercado global y prosperar.
- **Lucha Contra la Corrupción**: La anticorrupción no es solo un ideal, sino una política concreta en esta propuesta. La transparencia en el uso de los recursos y la rendición de cuentas serán esenciales para erradicar las prácticas corruptas que han frenado el desarrollo de Cuba.

Un Futuro Brillante para Cuba

Con esta propuesta de constitución, se invita a los cubanos a soñar con un futuro mejor, un futuro donde sus derechos estén protegidos, donde sus voces sean escuchadas y donde cada uno pueda contribuir al progreso de la nación. La lucha por una Cuba libre, democrática y próspera no solo es posible, sino que es un deber de todos los que creen en un mañana mejor.

El pueblo cubano ha demostrado a lo largo de su historia una resiliencia y una creatividad excepcionales frente a las adversidades. Con un sistema basado en la libertad y la democracia, esas mismas cualidades pueden ser canalizadas para construir una sociedad próspera, justa y equitativa. El cambio es posible, y esta constitución ofrece el marco para hacer realidad los sueños de generaciones de cubanos que han anhelado una patria donde la libertad y la justicia prevalezcan.

Esta propuesta constitucional es una herramienta poderosa para el empoderamiento del pueblo cubano, permitiendo que la nación se levante y se construya sobre los valores de la libertad, la democracia y la transparencia. Si el pueblo cubano se une y lucha por este modelo, el cambio real y positivo que siempre han soñado no solo será posible, sino inevitable. ¡El futuro de Cuba está en las manos de su gente!

Capítulo 8:

Implementación de la Nueva Constitución

La implementación de la nueva constitución en Cuba requiere un proceso de transición bien estructurado y acompañado de supervisión internacional, aprobación popular, y un enfoque en la gobernanza democrática para asegurar que sea transparente, justa y legítima. A continuación, se detallan los pasos clave y ejemplos internacionales que pueden servir de guía para este proceso.

1. Supervisión Internacional

Propuesta:

Involucrar a organismos internacionales como la ONU, la OEA y la Unión Europea para supervisar la transición hacia la nueva constitución. Estos organismos actuarán como garantes de que el proceso se lleve a cabo de manera pacífica, ordenada, y que cumpla con los principios fundamentales de transparencia y justicia.

Ejemplo Internacional:

La transición democrática en Sudáfrica es un excelente ejemplo. Después de décadas de apartheid, el proceso de transición hacia una democracia fue supervisado por organismos internacionales, lo que ayudó a garantizar un proceso justo y pacífico. Este apoyo externo fue crucial para el éxito de la nueva constitución de Sudáfrica, promulgada en 1996.

Impacto Esperado:

La participación de organismos internacionales proporcionará credibilidad y confianza en el proceso de transición. Al tener una supervisión independiente y neutral, se evitarán posibles conflictos internos y asegurará que las reformas se implementen con imparcialidad. Además, esto permitirá que Cuba sea vista como un país comprometido con los principios de derecho internacional y derechos humanos.

2. Aprobación Popular

Propuesta:

Someter la nueva constitución a un referéndum nacional, permitiendo que el pueblo cubano vote directamente sobre su adopción. Esto garantizará que la constitución refleje la voluntad popular y no se imponga desde el gobierno o una élite política.

Ejemplo Internacional:

En Islandia, tras la crisis económica de 2008, el proceso de creación de una nueva constitución incluyó la participación directa de los ciudadanos. En 2012, se realizó un referéndum constitucional en el que los islandeses votaron sobre los cambios propuestos. Aunque hubo desafíos en su implementación final, este proceso fue un ejemplo de participación democrática en la creación de un documento legal fundamental.

Impacto Esperado:

La aprobación popular mediante un referéndum brindará legitimidad a la nueva constitución, reforzando el sentido de propiedad y responsabilidad por parte del pueblo cubano. Esto también fortalecerá la democracia en Cuba, demostrando que las decisiones políticas fundamentales son tomadas por el pueblo y para el pueblo. Además, fomentará un ambiente de unidad nacional al ser una constitución creada y aprobada por los ciudadanos.

3. Gobernanza Democrática durante la Transición

Propuesta:

Establecer un gobierno provisional que administre el país durante el periodo de transición, garantizando la estabilidad política y la continuidad de los servicios públicos. Este gobierno provisional debe estar compuesto por miembros de distintos sectores políticos y sociales, representando la pluralidad del pueblo cubano.

Ejemplo Internacional:

Tras la Primavera Árabe, Túnez estableció un gobierno provisional para gestionar la transición hacia una democracia plena. Este gobierno administró el país hasta que se realizaron elecciones libres, y supervisó el proceso de redacción de una nueva constitución. Este enfoque ayudó a mantener la estabilidad en un momento crucial de cambio político.

Impacto Esperado:

La creación de un gobierno provisional asegurará una transición ordenada y evitará vacíos de poder que puedan conducir a la inestabilidad o al caos. Este órgano será responsable de organizar elecciones libres, supervisar el proceso de implementación de la nueva constitución y garantizar la gobernanza democrática durante este periodo crítico. Además, la inclusión de distintos sectores asegurará que este gobierno refleje la diversidad de opiniones del país, fomentando la cohesión social.

Conclusión: Esperanza para el Futuro de Cuba

La implementación de esta nueva constitución es un paso crucial para garantizar un futuro democrático y libre para Cuba. Este proceso no solo implica un cambio de leyes, sino un renacimiento nacional, donde los cubanos pueden finalmente tomar control de su destino y asegurar un sistema basado en la justicia, la transparencia y los derechos humanos.

La supervisión internacional, la aprobación popular y la creación de un gobierno provisional inclusivo son herramientas fundamentales para garantizar que este proceso sea legítimo y justo. Para el pueblo cubano, este es un momento de esperanza y oportunidad, donde se puede establecer una base sólida para la prosperidad futura. Un sistema de libertad, democracia y anticorrupción permitirá a Cuba florecer y alcanzar todo su potencial en el escenario global.

Si el pueblo cubano se une y lucha por esta visión, el cambio no solo será posible, sino inevitable. Una nueva constitución, nacida del pueblo y para el pueblo, puede ser la herramienta clave para construir una nación libre y próspera para las generaciones futuras.

Proceso de Transición

Supervisión Internacional:

- Propuesta: Involucrar a organismos internacionales como la ONU, la OEA y la Unión Europea para supervisar la transición hacia la nueva constitución y garantizar su implementación pacífica y ordenada.
- Ejemplo Internacional: La transición democrática en Sudáfrica fue supervisada por varios organismos internacionales, lo que ayudó a asegurar un proceso justo y pacífico.
- Impacto Esperado: Mayor confianza y credibilidad en el proceso de transición, asegurando que las reformas se implementen de manera justa y transparente.

Aprobación Popular:

- Propuesta: Someter la nueva constitución a un referéndum nacional para que sea aprobada por el pueblo cubano, garantizando que refleje verdaderamente la voluntad popular.
- Ejemplo Internacional: En Islandia, el referéndum constitucional de 2012 permitió a los ciudadanos participar directamente en la creación de su nueva constitución.

- Impacto Esperado: Legitimidad y aceptación de la nueva constitución, fortaleciendo la democracia y asegurando que las reformas tengan un amplio apoyo popular.

Gobernanza Democrática:

- Propuesta: Establecer un gobierno provisional que administre el país durante la transición, garantizando la estabilidad y la continuidad de los servicios públicos.
- Ejemplo Internacional: La transición democrática en Túnez después de la Primavera Árabe incluyó un gobierno provisional que gestionó el país hasta que se realizaron elecciones libres.
- Impacto Esperado: Estabilidad política y social durante el periodo de transición, evitando el vacío de poder y asegurando una transición ordenada.

Capítulo 9:

Propiedad Pública y Privada

Propiedad Pública y Privada

<u>Coexistencia y Beneficios</u>

Propuesta: Reconocer y proteger tanto la propiedad pública como la privada, asegurando que ambos tipos de propiedad puedan coexistir y contribuir al bienestar económico y social del país.

Cómo se Aplicaría:

1. **Marco Legal y Protección:**
   - **Reconocimiento Constitucional:** Reformar la constitución para reconocer y proteger explícitamente tanto la propiedad pública como la privada.
   - **Legislación Específica:** Promulgar leyes que regulen y protejan los derechos de propiedad privada y pública, asegurando un marco legal claro y estable.
2. **Mecanismos de Supervisión y Control:**
   - **Organismos Reguladores:** Establecer organismos reguladores independientes para supervisar la gestión de las propiedades públicas y privadas, asegurando que operen de manera transparente y eficiente.

o **Auditorías Regulares:** Implementar auditorías regulares de las propiedades públicas y privadas para garantizar su correcto uso y mantenimiento.

3. **Incentivos y Colaboración:**

   o **Fomento de la Colaboración Público-Privada:** Promover proyectos de colaboración entre el sector público y privado para maximizar el uso de recursos y mejorar la calidad de los servicios.

   o **Incentivos para la Inversión:** Ofrecer incentivos fiscales y económicos para estimular la inversión privada en sectores estratégicos, complementando los servicios públicos.

Impacto Esperado:

- **Economía Dinámica y Diversificada:** Una economía más dinámica y diversificada, con oportunidades tanto para la inversión privada como para el desarrollo de servicios públicos de calidad.
- **Bienestar Económico y Social:** Mayor bienestar económico y social al aprovechar las fortalezas de ambos sectores para ofrecer mejores servicios y oportunidades a la población.

Ejemplos Internacionales:

- **Suecia:** Combina una economía de mercado con una fuerte presencia del sector público, ofreciendo un modelo de coexistencia exitosa.

Impacto en la Economía

Propuesta: Fomentar un entorno donde la competencia justa entre entidades públicas y privadas promueva la innovación, la eficiencia y el crecimiento económico.

Cómo se Aplicaría:

- **Regulación de la Competencia:**
  - **Leyes Antimonopolio:** Desarrollar y aplicar leyes antimonopolio que eviten prácticas desleales y aseguren una competencia justa entre entidades públicas y privadas.
  - **Supervisión y Enforzamiento:** Crear organismos independientes para supervisar y hacer cumplir las leyes de competencia, garantizando que todas las entidades operen en igualdad de condiciones.
- **Incentivos para la Innovación:**
  - **Fomento de la Investigación y Desarrollo:** Ofrecer incentivos fiscales y subsidios para proyectos de investigación y desarrollo tanto en el sector público como en el privado.
  - **Premios y Reconocimientos:** Instituir premios y reconocimientos para entidades que demuestren innovación y eficiencia en sus operaciones.
- **Apoyo a PYMEs y Emprendimientos:**
  - **Programas de Financiación:** Crear programas de financiación y apoyo para pequeñas y medianas empresas (PYMEs) y emprendimientos, facilitando su crecimiento y participación en el mercado.
  - **Capacitación y Asesoramiento:** Proveer programas de capacitación y asesoramiento para emprendedores y gestores de PYMEs, ayudándolos a mejorar su competitividad y sostenibilidad.

Impacto Esperado:

- **Creación de Empleo:** Generación de nuevas oportunidades de empleo a través de la expansión y diversificación de la economía.

- **Aumento de la Inversión:** Mayor atracción de inversiones tanto nacionales como extranjeras, impulsando el crecimiento económico.
- **Mejora en la Calidad de los Servicios:** Mejoras en la calidad y eficiencia de los servicios ofrecidos tanto por entidades públicas como privadas, beneficiando a toda la población.

Ejemplos Internacionales:

- **Alemania:** Cuenta con una economía social de mercado que equilibra la libertad económica con un sólido sistema de bienestar social.

Conclusión

Reconocer y proteger tanto la propiedad pública como la privada y fomentar una competencia justa entre ambos sectores es crucial para crear una economía dinámica y diversificada en Cuba. Aprendiendo de ejemplos exitosos como Suecia y Alemania, Cuba puede establecer un marco legal y regulatorio que asegure la coexistencia beneficiosa de ambos tipos de propiedad, promoviendo la innovación, la eficiencia y el crecimiento económico.

Capítulo 10:

Estrategia Económica para la Recuperación de Cuba

<u>Incentivos a Compañías e Inversionistas Extranjeros</u>

Propuesta: Fomentar la inversión extranjera mediante la creación de un entorno seguro y atractivo para los inversionistas, ofreciendo incentivos fiscales y garantías para sus inversiones.

Cómo se Aplicaría:

1. **Seguridad para Inversiones:**
   - **Protección Legal:** Establecer un marco legal robusto que garantice la seguridad jurídica de las inversiones extranjeras, incluyendo la protección contra expropiaciones injustificadas y cambios arbitrarios en las leyes.
   - **Convenios Internacionales:** Firmar tratados bilaterales y multilaterales de protección de inversiones para garantizar un entorno de inversión estable y predecible.
2. **Incentivos Fiscales:**
   - **Exenciones Fiscales:** Ofrecer exenciones fiscales atractivas para empresas extranjeras que inviertan en sectores prioritarios como el energético, transporte, agricultura, infraestructura y comunicaciones.

o **Condiciones de Empleo:** Las exenciones fiscales serán mayores para las empresas que generen empleos de calidad, bien remunerados y con beneficios competitivos para sus empleados.

o **Duración de Incentivos:** Establecer períodos de incentivos fiscales que se mantendrán mientras se cumplan con los requisitos de empleo y calidad de los servicios proporcionados.

3. **Prioridad de Sectores:**

o **Identificación de Sectores Clave:** Determinar sectores estratégicos que son prioritarios para el desarrollo nacional, tales como el sector energético, transporte, agricultura, infraestructura y comunicaciones.

o **Incentivos Adicionales:** Ofrecer incentivos adicionales a las inversiones en estos sectores para fomentar el desarrollo sostenible y autosuficiencia del país.

Prioridad para Inversionistas Cubanos

Propuesta: Otorgar prioridad a los cubanos dentro y fuera de la isla para presentar propuestas y proyectos de inversión, fomentando la participación y el emprendimiento nacional.

Cómo se Aplicaría:

1. **Evaluación y Discusión de Proyectos:**

o **Comités de Evaluación:** Crear comités de economistas y expertos capacitados, elegidos por el Congreso con el respaldo del pueblo, para evaluar y discutir las propuestas de inversión.

o **Transparencia:** Las evaluaciones y discusiones se realizarán en vivo, con la oportunidad de transmisión a través de cadenas públicas y privadas para asegurar la transparencia del proceso.

2. **Selección y Votación de Proyectos:**

o **Criterios de Selección:** Establecer criterios claros y objetivos para la selección de proyectos, basados en su viabilidad, impacto económico y social, y contribución al desarrollo nacional.

o **Votación:** Los proyectos seleccionados se someterán a votación en la Cámara y el Senado, así como a una votación electrónica del pueblo para asegurar una representación democrática en la toma de decisiones.

3. **Subastas y Financiamiento:**

o **Subastas Públicas:** Los proyectos ganadores, ya sean de cubanos con recursos o sin ellos, se someterán a subastas para atraer inversiones adicionales.

o **Derecho a Invertir:** Las subastas permitirán que inversionistas, compañías, entidades o personas interesadas tengan el derecho de invertir en los proyectos seleccionados.

o **Apoyo Financiero:** Crear mecanismos de apoyo financiero para los emprendedores cubanos que necesiten recursos adicionales para llevar a cabo sus proyectos.

Impacto Esperado

Desarrollo Económico y Social:

- **Creación de Empleo:** Generación de empleo de calidad con salarios competitivos y beneficios, mejorando el bienestar económico de los ciudadanos.
- **Aumento de Inversiones:** Atracción de inversiones extranjeras y nacionales, impulsando el crecimiento económico y la modernización de infraestructuras y servicios.
- **Fomento del Emprendimiento:** Estimular el emprendimiento y la innovación entre los cubanos, tanto dentro como fuera de la isla, fortaleciendo el tejido empresarial nacional.

Transparencia y Participación Ciudadana:

- **Proceso Transparente:** Garantizar un proceso transparente y democrático en la evaluación y selección de proyectos, fortaleciendo la confianza del pueblo en las instituciones.
- **Participación:** Fomentar la participación de los ciudadanos en la toma de decisiones económicas, asegurando que las políticas y proyectos reflejen las necesidades y prioridades del pueblo cubano.

Ejemplo Internacional: Singapur

Sistema de Protección e Incentivos:

- **Protección Legal:** Singapur ofrece un entorno seguro y estable para los inversionistas, con fuertes protecciones legales y un sistema judicial independiente.
- **Incentivos Fiscales:** El país ofrece exenciones fiscales y otros incentivos para atraer inversiones en sectores clave como tecnología, manufactura avanzada y servicios financieros.
- **Desarrollo de Talento:** Singapur invierte en el desarrollo de talento local a través de programas de educación y formación, asegurando una fuerza laboral altamente calificada.

Impacto en Singapur:

- **Crecimiento Económico:** Singapur ha logrado un rápido crecimiento económico, convirtiéndose en uno de los centros financieros y tecnológicos más importantes del mundo.
- **Innovación:** La combinación de inversión extranjera y talento local ha impulsado la innovación y la competitividad del país a nivel global.

Conclusión

Implementar una estrategia económica que ofrezca incentivos a compañías e inversionistas extranjeros, garantice la seguridad de sus inversiones y promueva la competencia justa puede ser un motor clave para la recuperación económica de Cuba. Priorizar las propuestas y proyectos de los cubanos, tanto dentro como fuera de la isla, y asegurar un proceso transparente y democrático, fomentará el desarrollo sostenible y la cohesión social. Aprendiendo de ejemplos exitosos como Singapur, Cuba puede avanzar hacia un futuro próspero y competitivo, beneficiando a toda la población.

Capítulo 11:

El Poder del Pueblo

Papel del Pueblo

Importancia: La unidad y la acción conjunta del pueblo cubano son fundamentales para lograr una transición exitosa hacia la democracia.

Cómo se Aplicaría:

1. **Movilización y Organización:**
   - **Campañas de Concienciación:** Desarrollar campañas de concienciación para educar a la población sobre la importancia de la participación ciudadana y la acción colectiva.
   - **Organización Comunitaria:** Fomentar la creación de comités y grupos comunitarios que promuevan la participación en procesos políticos y sociales.
2. **Plataformas de Participación:**
   - **Foros de Debate y Discusión:** Establecer foros de debate y discusión donde los ciudadanos puedan expresar sus opiniones, discutir problemas y proponer soluciones.
   - **Uso de Tecnología:** Utilizar plataformas digitales y redes sociales para coordinar acciones, compartir

información y movilizar a la población de manera eficiente.

Impacto Esperado:

- **Catalizador de Cambios:** Un movimiento popular fuerte y cohesionado puede catalizar cambios significativos y duraderos en el sistema político y social.
- **Mayor Participación Ciudadana:** Incremento en la participación de los ciudadanos en la toma de decisiones, fortaleciendo la democracia y la rendición de cuentas.

Ejemplos Internacionales:

- **Revoluciones en Europa del Este (1989):** Las revoluciones pacíficas en países como Alemania Oriental, Checoslovaquia y Rumania demostraron cómo el poder del pueblo puede derrocar regímenes autoritarios y establecer democracias.

Casos de Éxito

Túnez:

- **Revolución de los Jazmines (2010-2011):**
    - o **Proceso:** La movilización masiva del pueblo tunecino llevó al derrocamiento del régimen dictatorial de Zine El Abidine Ben Ali.
    - o **Resultado:** Establecimiento de un proceso democrático con la redacción de una nueva constitución y la realización de elecciones libres.

Polonia:

- **Movimiento Solidaridad (años 80):**

o **Proceso:** El movimiento obrero Solidaridad, liderado por Lech Wałęsa, jugó un papel crucial en la caída del régimen comunista en Polonia.

o **Resultado:** Transición hacia un sistema democrático, con la legalización de Solidaridad y la realización de elecciones multipartidistas en 1989.

Impacto Esperado:

- **Inspiración y Estrategias Efectivas:** Estos casos de éxito proporcionan inspiración y estrategias efectivas para el pueblo cubano, demostrando que la transición hacia la democracia es posible con determinación y unidad.

- **Refuerzo de la Determinación:** Ejemplos de éxito internacional pueden reforzar la determinación y el compromiso del pueblo cubano para luchar por un futuro democrático.

Conclusión

El poder del pueblo es un factor crucial en la transición hacia la democracia. La unidad y la acción conjunta del pueblo cubano pueden catalizar cambios significativos y duraderos en el sistema político y social del país. Aprendiendo de ejemplos internacionales como las revoluciones en Europa del Este, la Revolución de los Jazmines en Túnez y el movimiento Solidaridad en Polonia, Cuba puede encontrar inspiración y estrategias efectivas para lograr una transición exitosa hacia la democracia.

Capítulo 12:

Capítulo Final: Ecos de la Libertad - Un Futuro sin Barreras

I. El Eco de la Historia: Una Isla Despierta

El viento que sopla en el malecón de La Habana acaricia los rostros de millones de cubanos, tanto los que viven bajo el cielo de la isla como aquellos que, a miles de kilómetros, sienten el eco de su tierra en cada rincón de su ser. Este viento lleva consigo no solo la sal del Caribe, sino también los susurros de los que alguna vez soñaron con una Cuba libre, una Cuba justa, una Cuba sin barreras. Esos susurros hoy se transforman en gritos, porque el pueblo cubano, después de más de seis décadas de opresión, ha despertado.

Este despertar no es producto de un solo hombre o una única generación. Es el resultado de un pueblo que, generación tras generación, ha resistido y mantenido la esperanza viva. La chispa de la libertad que encendió los corazones de los mambises en su lucha por la independencia de España nunca se ha apagado. Ha sobrevivido en cada cubano que ha tenido el valor de soñar con algo mejor, incluso cuando todo parecía perdido.

Hoy, esa chispa arde más brillante que nunca. Los cubanos están comenzando a ver que el futuro está en sus manos, que el tiempo de la libertad ha llegado y que la constitución de una Cuba nueva, una Cuba libre, solo puede nacer del corazón de su pueblo. La historia nos llama, y no podemos ignorar su eco.

II. La Constitución del Pueblo: Una Necesidad Imperiosa

Una nación es más que tierra y fronteras. Una nación es una idea, un conjunto de valores y principios que unen a su gente en torno a un propósito común. En Cuba, ese propósito ha sido sofocado durante décadas por un régimen que ha usado la represión como su principal herramienta de control. La libertad ha sido sacrificada en el altar del miedo, y la constitución actual no es más que un instrumento de ese sacrificio.

Hoy, más que nunca, es imperativo que Cuba tenga una nueva constitución: un documento que no solo garantice los derechos fundamentales de cada cubano, sino que también proteja las libertades individuales, fomente la justicia y ponga fin a la corrupción que ha infectado cada rincón del sistema político actual.

Pero esta no puede ser una constitución impuesta desde arriba, como ha ocurrido tantas veces en el pasado. Esta nueva constitución debe ser el resultado de la voluntad del pueblo cubano, de la participación de todos aquellos que sueñan con un futuro mejor. Debe ser una constitución del pueblo y para el pueblo.

Cada cubano, ya sea dentro de la isla o en el exilio, debe tener una voz en este proceso. Cada cubano debe ser parte de esta construcción colectiva, porque solo así la constitución tendrá la legitimidad que necesita para convertirse en el cimiento de una Cuba verdaderamente libre.

III. El Papel de las Redes Sociales y los Influencers: El Poder de la Conexión

Hoy en día, el mundo está más conectado que nunca, y esa conexión ofrece una oportunidad única para el pueblo cubano. Las redes sociales han demostrado ser una herramienta poderosa para movilizar a las masas, para organizar movimientos y para transmitir mensajes de esperanza y libertad. La primavera árabe, los movimientos de justicia social en Estados Unidos y las manifestaciones en Hong Kong son ejemplos de cómo las redes sociales pueden encender una revolución pacífica.

Para Cuba, estas plataformas representan una vía crucial para unir a los cubanos dentro y fuera de la isla. A través de plataformas como Twitter, Facebook, Instagram y YouTube, los cubanos pueden compartir sus historias, sus luchas y sus sueños, creando una red global de solidaridad y apoyo.

Pero no solo se trata de plataformas; se trata también de personas. Los influencers, líderes de opinión y activistas cubanos en el exilio tienen un papel fundamental en amplificar este mensaje. Sus voces, con cientos de miles de seguidores, pueden ser los ecos de la libertad que lleguen a los rincones más remotos de Cuba.

Imagina a una generación de jóvenes cubanos, dentro y fuera de la isla, unidos a través de las redes sociales, compartiendo ideas, organizando debates y proponiendo soluciones para el futuro de su país. Esa es la fuerza que el régimen teme, porque sabe que una Cuba conectada es una Cuba empoderada.

IV. Los Líderes de la Diáspora: Una Voz Poderosa

La diáspora cubana es una de las más numerosas y resilientes del mundo. Desde Miami hasta Madrid, los cubanos en el exilio han mantenido vivos los lazos con su patria, no solo a través de las remesas y el apoyo a sus familias, sino también luchando desde el exterior por los derechos y las libertades que les fueron arrebatados.

Estos cubanos han vivido en países donde la democracia es una realidad, donde las libertades individuales son protegidas y donde la justicia no es una ilusión. Ellos han experimentado lo que significa vivir en una sociedad libre, y su experiencia es invaluable para la construcción de una nueva Cuba.

Líderes de diferentes partidos políticos, asociaciones, comunidades y grupos cubanos en el exterior tienen la responsabilidad de ser portavoces de esta nueva constitución. Deben trabajar juntos, dejando de lado las diferencias ideológicas, para proponer una visión unificada de lo que Cuba puede y debe ser.

Estos líderes no son solo representantes de una comunidad; son los arquitectos de un futuro sin barreras para su patria. Su voz tiene eco en la isla, y su lucha, aunque desde lejos, es una lucha que resuena en los corazones de millones de cubanos que aún sueñan con la libertad.

V. La Importancia de la Participación Digital: Un Proceso Inclusivo

Una de las mayores lecciones de la historia reciente es que la democracia no puede construirse a puertas cerradas. La participación ciudadana es la piedra angular de cualquier sociedad democrática, y para Cuba, esto significa abrir las puertas a todos los cubanos, sin importar dónde se encuentren.

Hoy, gracias a la tecnología, es posible crear plataformas digitales seguras que permitan a los cubanos participar en el proceso de redacción de su nueva constitución. A través de aplicaciones móviles, foros de debate virtuales y sistemas de votación en línea, cada cubano puede opinar, votar y contribuir a la creación de un nuevo marco legal que refleje sus esperanzas y sueños.

Estas plataformas deben estar diseñadas para garantizar la privacidad y la seguridad de los usuarios, especialmente aquellos que aún viven bajo el régimen. Las tecnologías blockchain, que han demostrado ser efectivas para garantizar la transparencia y la seguridad en procesos de votación digital, pueden jugar un papel crucial en este proceso.

Imagina a millones de cubanos, tanto dentro como fuera de la isla, conectados a través de una plataforma común, debatiendo sobre los derechos fundamentales que deben ser protegidos, sobre las libertades que necesitan ser restauradas y sobre las estructuras de poder que deben ser eliminadas. Esta es la esencia de la democracia participativa, y esta es la oportunidad que Cuba tiene frente a sí.

VI. Un Futuro de Libertad y Prosperidad: La Cuba que Podemos Construir

La nueva constitución que los cubanos redacten no será solo un conjunto de leyes; será un pacto entre generaciones, un compromiso con el futuro. Debe ser una constitución que proteja las libertades individuales, que fomente la justicia social y que erradique de una vez por todas la corrupción.

Pero, sobre todo, debe ser una constitución que permita a cada cubano ser dueño de su propio destino. La libertad no se trata solo de poder expresarse sin miedo; se trata también de tener la oportunidad de prosperar, de soñar y de construir una vida mejor para uno mismo y para las futuras generaciones.

Esta nueva Cuba será un lugar donde los jóvenes no tendrán que huir para encontrar oportunidades. Será una nación donde los profesionales podrán ejercer sin miedo a represalias, donde los emprendedores tendrán el espacio para crear y donde las familias podrán vivir sin el temor constante de la represión.

VII. El Desafío del Régimen: El Miedo a la Esperanza

El régimen actual ha gobernado durante décadas utilizando el miedo como su principal arma de control. Han reprimido cualquier intento de cambio, han silenciado las voces disidentes y han utilizado la fuerza para mantener a un pueblo entero bajo su yugo. Pero el miedo tiene sus límites, y esos límites están comenzando a desmoronarse.

Lo que el régimen teme más que cualquier cosa es la esperanza. Porque la esperanza es contagiosa. Cuando un cubano se atreve a soñar con la libertad, ese sueño se propaga, y pronto miles, millones, comienzan a compartir esa misma esperanza. Y cuando el pueblo deja de tener miedo, el régimen comienza a temblar.

El gobierno cubano ha intentado por todos los medios mantener al pueblo en la oscuridad, controlando la información y censurando cualquier contenido que pudiera despertar la conciencia de los ciudadanos. Pero la tecnología y las redes sociales han roto ese muro de silencio. Los cubanos, tanto dentro como fuera de la isla, están más conectados que nunca, y el régimen ya no puede silenciar el clamor de un pueblo que anhela ser libre.

VIII. Un Llamado a la Acción: Unidos por un Futuro Común

Este capítulo final no es solo un cierre de palabras, sino un llamado a la acción. Un llamado a cada cubano ya sea que viva en La Habana, en Miami o en cualquier rincón del mundo, a tomar su lugar en esta lucha por la libertad. No podemos esperar que otros hagan por nosotros lo que nosotros mismos debemos hacer.

Cada cubano tiene un papel que desempeñar en la creación de esta nueva Cuba. No se trata de una lucha de armas; se trata de una lucha de ideas, de esperanza, de unidad. Se trata de un pueblo que ha decidido levantarse, no con odio ni con violencia, sino con la convicción de que la libertad es un derecho inalienable que no puede ser negado ni por un régimen, ni por una ideología, ni por un dictador.

IX. El Renacer del Mambí Moderno: El Guerrero de la Esperanza

Hace más de un siglo, los mambises lucharon en las selvas y montañas de Cuba con un machete en la mano y el deseo de libertad en el corazón. Ellos no luchaban por riquezas o poder; luchaban por un ideal. Hoy, ese espíritu mambí ha despertado nuevamente en cada cubano que se niega a aceptar la opresión, en cada joven que sueña con un futuro mejor, en cada exiliado que guarda en su corazón la esperanza de regresar a una Cuba libre.

El mambí moderno no lleva un machete, sino la esperanza como su arma más poderosa. Es la esperanza lo que encenderá una revolución pacífica, una revolución que no busca sangre, sino justicia; que no busca venganza, sino libertad.

X. El Futuro Está en Nuestras Manos: El Poder de Decidir

Cuba ha esperado demasiado tiempo. El futuro de la isla no está en las manos de los dictadores, sino en las manos del pueblo cubano. Cada cubano, con su voz, con su voto, con su participación, tiene el poder de decidir qué tipo de país quiere construir.

Esta nueva constitución, esta nueva Cuba, será el resultado de esa decisión colectiva. Será una Cuba donde la libertad no será solo un sueño, sino una realidad tangible, donde los derechos de todos serán respetados y donde el futuro será construido por las manos de aquellos que nunca dejaron de creer en la libertad.

Epílogo:

Las Preguntas que Decidirán el Futuro de Cuba

"No basta con gritar libertad; debemos preguntarnos qué clase de libertad queremos y si estamos preparados para asumir sus consecuencias."

Introducción:

El futuro de Cuba no depende de la caída de un régimen, sino de la visión y el coraje de quienes lo heredarán. Hoy, cuando la historia nos pone en la encrucijada del cambio, nos enfrentamos a una verdad ineludible: una Cuba libre no se construirá solo con discursos, sino con decisiones difíciles y, sobre todo, con preguntas que jamás nos habíamos atrevido a hacernos.

¿Estamos realmente preparados para la libertad que tanto anhelamos? ¿Sabemos qué tipo de país queremos crear una vez caigan los símbolos del autoritarismo? ¿O repetiremos los errores de quienes prometieron un futuro mejor, pero solo trajeron nuevos tipos de cadenas?

Las respuestas a esas preguntas no están en los líderes, ni en los partidos, ni en los eslóganes. Están en cada cubano. En ti. Hoy, al final de este viaje, no te ofreceré respuestas. Solo te dejaré con las preguntas que decidirán el destino de Cuba.

Preguntas Críticas para el Futuro de Cuba

1. ¿Qué tipo de libertad quieres para Cuba? ¿Será una libertad real, donde cada cubano, independientemente de su ideología, tenga derecho a expresarse, a trabajar y a soñar sin miedo a represalias? O solo deseas una libertad para aquellos que piensen como tú. ¿Quieres una Cuba donde la disidencia sea castigada, o una donde sea bienvenida como parte del diálogo necesario para el progreso?

2. ¿Qué moneda debería tener Cuba en el futuro? ¿Mantendremos una moneda nacional o deberíamos abrir nuestras puertas a una moneda más estable? ¿Estás dispuesto a considerar la dolarización de la economía cubana? ¿O crees que deberíamos crear una moneda respaldada por un sistema económico transparente y robusto? ¿Cómo restaurarás la confianza en la moneda nacional después de décadas de desvalorización y manipulación estatal?

3. ¿Cómo garantizarás una verdadera democracia? ¿Qué tipo de democracia quieres para Cuba? ¿Una democracia de partido único disfrazada de pluralismo, como ha sido hasta ahora? ¿O una democracia donde múltiples partidos puedan competir en igualdad de condiciones, sin miedo a represalias? ¿Estás dispuesto a aceptar que tu partido, tu candidato, o tu ideología podrían perder en unas elecciones justas?

4. ¿Qué harás con las FAR (Fuerzas Armadas Revolucionarias) y el MININT (Ministerio del Interior)? Después de la caída del régimen, ¿cómo manejarás a las instituciones que han sostenido el poder durante décadas? ¿Disolverás las FAR o las reformarás? ¿Qué harás con los altos mandos que fueron cómplices de la represión, pero cuyas tropas podrían ser clave para mantener la paz? ¿Cómo piensas reformar el MININT, que ha sido la mano ejecutora de la represión, para convertirlo en una fuerza de protección ciudadana?

5. ¿Cómo tratarías a los militares que decidan apoyar la caída del régimen? ¿Ofrecerías incentivos a los militares para que se unan al pueblo y abandonen la represión? ¿Cómo garantizarías su seguridad y la

de sus familias? ¿Cómo asegurarte de que no se conviertan en los nuevos opresores?

6. ¿Qué sistema político deseas instaurar en Cuba? ¿Estamos hablando de un sistema liberal, capitalista, socialista, o tal vez una combinación única? ¿Cómo protegerías a los más vulnerables bajo ese nuevo sistema, sin caer en los errores del pasado? ¿Cómo evitarás que el sistema que elijas se convierta en una excusa para abusos, corrupción y concentración de poder?

7. ¿Cómo atraerás la inversión extranjera? Cuba necesita inversión para reconstruir su infraestructura, sus fábricas, sus tierras agrícolas. ¿Cómo harás que los inversionistas extranjeros confíen en un país que durante décadas ha sido sinónimo de incertidumbre y riesgos? ¿Qué garantías ofrecerás para que el capital internacional no vea a Cuba como una apuesta volátil?

8. ¿Cómo priorizarías las oportunidades para los cubanos dentro y fuera de la isla? ¿Cómo garantizarás que los cubanos de a pie, los emprendedores, los campesinos y los exiliados tengan prioridad sobre las grandes corporaciones extranjeras? ¿Qué incentivos les ofrecerás para que inviertan en su propio país y no se vean desplazados por los grandes capitales internacionales? ¿Estás dispuesto a crear políticas que protejan a los pequeños empresarios cubanos, asegurando que ellos también tengan la oportunidad de prosperar?

9. ¿Cómo incentivaremos la creatividad y el emprendimiento en una Cuba libre? ¿Cómo liberarás el talento reprimido de miles de jóvenes cubanos que sueñan con innovar, crear y construir sus propios negocios? ¿Qué leyes implementarás para garantizar que el gobierno no sea un obstáculo, sino un facilitador del crecimiento empresarial y la creatividad? ¿Estás dispuesto a reducir la burocracia y dar libertad a las ideas?

10. ¿Qué haremos con la salud y la educación en una Cuba libre? Durante décadas, el régimen ha promocionado la salud y la educación como los grandes logros de la Revolución. Pero ¿a qué costo? ¿Debería la salud seguir siendo gratuita y controlada por el Estado, o estás dispuesto a explorar modelos mixtos que permitan tanto la atención pública como la privada? En educación, ¿seguiremos con un sistema donde solo se enseña lo que el Estado dicta, o permitiremos la libre competencia de ideas y métodos educativos?

11. ¿Qué harás con el transporte y la vivienda? ¿Cómo reconstruirás una red de transporte destruida por años de negligencia y control estatal? ¿Estás dispuesto a abrir las puertas a la inversión privada en transporte y vivienda, o crees que estos sectores deben seguir siendo controlados por el Estado? ¿Cómo garantizarás que la vivienda no se convierta en un privilegio solo para unos pocos, sino en un derecho accesible para todos los cubanos?

12. ¿Cómo revitalizarás la agricultura cubana? Cuba, una tierra fértil que una vez alimentó a su propio pueblo y exportó alimentos, hoy depende de importaciones. ¿Cómo incentivaremos a los campesinos y a los dueños de tierras a cultivar de nuevo, a producir con rentabilidad? ¿Qué políticas implementarás para garantizar que los productos cubanos lleguen primero a la mesa de los cubanos antes que a los mercados extranjeros? ¿Cómo devolverás la propiedad y el control de la tierra a quienes trabajan en ella?

13. ¿Cómo resolverás la crisis energética en Cuba? ¿Atraerás inversión extranjera en el sector energético? Si es así, ¿cómo evitarás que esa inversión se convierta en una nueva forma de dependencia extranjera? ¿Desarrollarás energías renovables o seguirás dependiendo de combustibles fósiles? ¿Qué papel jugará Cuba en la crisis climática mundial y cómo equilibrarás la necesidad de desarrollo energético con la protección del medio ambiente?

14. ¿Qué tipo de justicia buscas para los responsables de crímenes del régimen? Cuando la dictadura caiga, ¿cómo juzgarás a quienes fueron responsables de la represión, la tortura y los asesinatos? ¿Apoyarás tribunales internacionales, comisiones de la verdad o juicios populares? ¿Estás dispuesto a conceder amnistías a ciertos niveles del régimen en aras de la paz y la reconciliación, o buscarás justicia absoluta? ¿Cómo equilibrarás el deseo de justicia con la necesidad de evitar más derramamiento de sangre?

15. ¿Qué harás diferente de lo que se ha hecho hasta ahora? Después de más de seis décadas de fracasos, ¿qué harás tú de manera diferente? ¿Estás dispuesto a admitir que ciertos modelos de gobierno, aunque populares en el discurso, no funcionaron en la práctica? ¿Estás preparado para admitir los errores del pasado, incluso los cometidos por aquellos que prometían la libertad?

16. ¿Cómo protegerás a los niños, ancianos y discapacitados en una Cuba libre? Los sectores más vulnerables de la sociedad, los niños, los ancianos y los discapacitados, dependen de un sistema que les garantice seguridad y protección. ¿Cómo te asegurarás de que ellos no sean olvidados en medio de la reconstrucción del país? ¿Estás dispuesto a crear políticas que prioricen su bienestar, sin importar los costos políticos o financieros?

17. ¿Qué harás con los desvalidos, los marginados y los olvidados? Cuba tiene una larga historia de marginación de grupos específicos. ¿Cómo garantizarás que en una Cuba libre no haya personas olvidadas, marginadas o sin hogar? ¿Estás dispuesto a construir un país donde cada persona, sin importar su condición social, reciba las mismas oportunidades de prosperar?

18. ¿Cómo enfrentarás el reto de construir una nación unida tras décadas de división? Cuba ha sido dividida por el odio, el miedo y las ideologías. ¿Cómo unirás a un pueblo que ha sido separado por tanto tiempo? ¿Estás dispuesto a promover una cultura de diálogo y

reconciliación, donde los cubanos puedan sanar las heridas del pasado sin caer en más violencia?

Estas son solo algunas de las muchas preguntas que cada cubano debe hacerse si realmente desea construir una nación libre. Porque la libertad no es simplemente la caída de un régimen, sino la construcción de un futuro donde todos podamos vivir sin miedo y con esperanza. El destino de Cuba no está en las respuestas fáciles, sino en la capacidad de su pueblo para enfrentarse a las preguntas difíciles.

Y tú, cubano, ¿estás listo para enfrentarlas?

LIBERTAD
PAZ
PROSPERIDAD

Gracias

Agradecimiento al lector

Querido lector, no puedo expresar con suficientes palabras lo agradecido que estoy por haberte tenido a mi lado en este viaje. Cada página escrita lleva un pedazo de mi corazón, y saber que la has leído, sentido y vivido me llena de profunda gratitud.

Tu opinión es muy importante para mí y para futuros lectores. Si puedes, te agradecería mucho que dejaras tu reseña y opinión en el sitio donde adquiriste el libro. Tus palabras no solo ayudan a otros a descubrir esta historia, sino que también me brindan la motivación para seguir creando nuevas aventuras. Las reseñas juegan un papel clave en conectar historias con quienes más las necesitan, y tus comentarios pueden marcar esa diferencia.

Gracias por ser parte de este viaje, y por compartir tu experiencia.

¡Con gratitud,

Pavel Pieri

Acerca del Autor: Pavel Pieri

Pavel Pieri es un escritor cubano que transforma sus vivencias personales en relatos llenos de enseñanza y creatividad. Nacido en Camagüey en junio de 1981, su infancia estuvo marcada por la influencia amorosa de su madre soltera y sus abuelos, quienes le inculcaron valores como el respeto, la empatía y la resiliencia. A pesar de las duras pruebas que la vida le impuso, incluyendo la pérdida de sus seres queridos, Pavel encontró en la escritura una manera de honrar su legado y compartir su visión del mundo.

Con una formación que abarca desde la mecánica hasta el trabajo social y la comunicación, Pavel ha trabajado incansablemente con comunidades desfavorecidas, observando las injusticias y la manipulación que el régimen cubano imponía sobre su pueblo. Estas experiencias se reflejan en sus obras, donde explora temas como la libertad, la justicia y la dignidad humana.

Autor de libros que van desde el análisis político hasta la literatura infantil, Pavel se dirige a audiencias de todas las edades con el firme propósito de educar e inspirar. Su filosofía es clara: "La educación y la creatividad son las llaves para abrir las puertas del futuro." A través de su obra, busca no solo entretener, sino también sembrar en sus lectores las semillas del conocimiento, la creatividad y los valores esenciales para enfrentar los desafíos del mañana.

Pagina del Autor.

"El futuro de Cuba no está escrito en las ruinas del pasado, sino en las manos de quienes se atrevan a construirlo, sin miedo, sin cadenas, y con la libertad como único destino."